前　　言

近年来,我国物流运行保持了总体平稳、稳中有进的发展态势。其中,冷链物流行业作为现代物流行业的重要组成部分,发展较为迅速。随着我国经济的发展和人民生活水平的提高,追求高品质和便利化的消费需求日益加强,这为冷链物流的发展提供了新的机遇。新零售模式的出现,对生鲜等食品冷链物流提出了更高的要求。满足消费者对于生鲜冷链食品的多频次、高时效、快响应、高品质等需求,提高冷链物流运营质量、优化冷链作业流程、控制冷链物流成本等是当前冷链物流产业发展面临的重要问题。

针对典型生鲜新零售企业,本书是在新零售背景下通过现代虚拟仿真技术分析当前典型冷链物流企业运营现状及流程,以案例形式对冷链物流运营的各个环节进行虚拟数据采集与分析,针对仓储管理中的商品储位管理、拣选作业、补货作业、自动化回旋货架拣选算法模型、流通加工作业等各个作业流程提出了合理的运营策略及优化建议。本书主要包含了以下四个部分的内容:

(1) 分析研究了当前我国冷链物流产业发展的现状,对行业所处阶段及规模做了梳理,分析研究了国内外关于冷链物流及新零售方面的研究现状及相关文献并进行了较为系统的整理。

(2) 借助3D虚拟仿真软件,对一典型新零售背景下生鲜冷链物流运营中心进行场景式调研与分析,内景呈现新零售背景下中型规模冷链物流服务中心基本情况;结合新零售模式下消费者对生鲜冷链食品的最新需求,进行冷链物流运营的数据采集与分析,即从2C端

（面向消费者，电商零售城市配送）与 2B 端（面向商场超市，商超专配）两个方面对订单配送服务进行优化，合理划分出库作业时窗。

（3）针对冷链物流服务的作业流程与特征，进行合理的运营策略优化：进行入库存储策略设计，运用 ABC-FSN 分类法对货物进行储位计划制定；构建订单聚类分析模型，对商品进行聚类分析，优化订单拣选模型；基于 Apriori 算法对商品相关性进行分析，从而得出合理的补货计划。

（4）新零售背景下冷链物流运营优化。对冷链物流的单旋转水平回转货架拣选系统进行优化，设计合理的拣选路径优化模型，解决水平回转货架系统拣选作业优化调度问题，为新零售背景下冷链物流运营及优化提出创新、可行的参考建议。

本书首先通过运用聚类分析模型、Apriori 算法和模拟退火算法，借助 MATLAB、LINGO 和 SPSS Modeler 等工具实现相关算法，对相关数据进行调研分析，定性分析与定量分析相结合，制定出科学性高、严谨性强的物流仿真方案；其次将实践与理论相结合，将优化设计的入库作业、拣选作业和补货作业方案在物流仿真系统中进行验证，切实提高了物流仿真方案的可行性。一方面可以为后续的学习与研究提供立体式、形象化、可视化的冷链物流理论兼案例依据，另一方面也可以指导相关新零售冷链物流企业进行生产活动。

本书的内容是基于我们多年的科研与教学实践相结合的成果。在研究的过程中，先后得到了南京奥派信息产业股份公司、河南新世纪拓扑电子技术有限公司、上海百碟教育科技有限公司等企业的大力支持，在企业调研、数据采集、技术支持等方面给予的帮助。在这些企业的支持下，我们进行了面向新零售冷链物流运营优化方面的研究探索工作，取得了一些初步的成果，希望通过本书与广大读者交流与共享，从而推动新零售背景下的冷链物流融合发展。

需要强调的是，本书的完成还要感谢郑州大学管理工程学院的研究生蔡舒跃，为本书的勘误付出了大量的时间与精力；感谢我的研

本专著得到河南省特色骨干学科建设学科(群)"现代服务业学群"资助

新零售背景下冷链物流运营及优化策略研究

韩军涛 著

中国财经出版传媒集团
经济科学出版社
Economic Science Press

图书在版编目（CIP）数据

新零售背景下冷链物流运营及优化策略研究/韩军涛著. —北京：经济科学出版社，2021.8（2023.1重印）
ISBN 978-7-5218-2799-6

Ⅰ.①新… Ⅱ.①韩… Ⅲ.①冷冻食品-物流管理-运营管理-研究 Ⅳ.①F252.8

中国版本图书馆 CIP 数据核字（2021）第 169087 号

责任编辑：袁　溦
责任校对：齐　杰
责任印制：邱　天

新零售背景下冷链物流运营及优化策略研究
韩军涛　著
经济科学出版社出版、发行　新华书店经销
社址：北京市海淀区阜成路甲 28 号　邮编：100142
总编部电话：010-88191217　发行部电话：010-88191522
网址：www.esp.com.cn
电子邮箱：esp@esp.com.cn
天猫网店：经济科学出版社旗舰店
网址：http://jjkxcbs.tmall.com
固安华明印业有限公司印装
710×1000　16 开　16.25 印张　210000 字
2021 年 8 月第 1 版　2023 年 1 月第 2 次印刷
ISBN 978-7-5218-2799-6　定价：62.00 元
（图书出现印装问题，本社负责调换。电话：010-88191510）
（版权所有　侵权必究　打击盗版　举报热线：010-88191661
QQ：2242791300　营销中心电话：010-88191537
电子邮箱：dbts@esp.com.cn）

生赖锐敏、杨荣川,以及所指导过的余青臣、王正阳、李雪飞等学生,他们为本书的实验设计和代码实现进行了大量辛苦的工作。在撰写的过程中,我们参考了大量的国内外相关文献及典型冷链物流企业案例,在此对每位专家学者表示感谢。

  由于笔者水平有限,书中难免存在疏漏、错误及片面性,恳请读者不吝赐教。

韩军涛

2021 年 8 月

目　　录

第 1 章　绪论 ·· 1

    1.1　选题背景、意义及目标 ································ 1

    1.2　文献综述 ·· 5

    1.3　研究内容、方法与框架 ······························ 15

    1.4　运营优化设计与创新点 ······························ 19

第 2 章　新零售背景下的冷链物流概述 ···················· 24

    2.1　新零售模式下冷链物流相关理论 ···················· 24

    2.2　基本情况概述 ······································ 28

第 3 章　冷链物流中心运营数据采集与分析 ·············· 54

    3.1　2C 端电商零售城市配送时窗设计 ···················· 54

    3.2　2B 端商超专配时窗设计 ····························· 61

    3.3　EIQ 分析 ·· 68

第 4 章　储位管理与存储控制 ······························ 77

    4.1　模糊 ABC – FSN 分类法的简介 ······················ 77

    4.2　模糊 ABC – FSN 分类法的实施 ······················ 84

    4.3　库存管理控制方法设计 ······························ 88

    4.4　储区规划与储位安排 ································ 96

4.5 采购计划与入库计划制订 ·· 102

第5章 拣选作业设计 ··· 114

5.1 拣选方法 ·· 114
5.2 拣选策略 ·· 126
5.3 拣选策略模型设计 ··· 134
5.4 方案合理性与经济性分析 ·· 141

第6章 补货作业设计 ··· 144

6.1 问题分析 ·· 144
6.2 基于Apriori算法的商品相关性分析 ·································· 145
6.3 补货策略的制定 ·· 158

第7章 水平回转货架拣选系统优化 ································· 164

7.1 问题分析 ·· 164
7.2 优化模型建立 ··· 165
7.3 模拟退火算法设计 ··· 167
7.4 实验结果分析 ··· 170

第8章 流通加工作业优化设计 ······································· 173

8.1 流通加工作业分析 ··· 173
8.2 多站台任务分配模型 ··· 177
8.3 流通加工作业成本 ··· 186
8.4 成本控制及财务建议 ··· 188

第9章 冷链物流中心优化改进意见 ································· 191

9.1 仓储布局优化 ··· 191
9.2 设施设备的优化 ·· 200

9.3 作业流程优化 ………………………………………………… 206

9.4 新冠肺炎疫情下的冷链物流中心优化 ………………………… 210

第10章 总结与展望 ………………………………………………… 214

10.1 总结 ……………………………………………………………… 214

10.2 下一步工作及展望 …………………………………………… 215

附录 ……………………………………………………………………… 217

附录1 库存商品信息表（部分）…………………………………… 217

附录2 2C端电商零售城市配送的订单数据处理表
（部分举例）………………………………………………… 219

附录3 2B端企业客户配送的订单数据处理表
（部分举例）………………………………………………… 231

附录4 订单分批模型LINGO代码 ………………………………… 235

附录5 Apriori算法MATLAB代码（部分）……………………… 235

附录6 多站台任务分配模型MATLAB代码 …………………… 238

参考文献 ………………………………………………………………… 240

第 1 章

绪　　论

1.1　选题背景、意义及目标

1.1.1　选题背景

随着中国电子商务模式创新及消费升级，新零售模式应运而生，成为一种引领消费时尚的新型零售模式。"新零售"概念是 2016 年 10 月马云在杭州云栖大会上提出的。他指出，纯电商时代很快会结束，未来的 10 年、20 年没有电子商务这个概念，只有新零售这一说法。它意味着线上线下和物流必须有机地结合在一起，才能诞生真正的新零售。线下的企业必须走到线上去，线上的企业必须走到线下来，线上线下结合现代的物流，才能真正创造出新的零售。他指出，物流公司不仅仅是要比速度，未来物流的本质是真正消灭库存，让库存管理得更好，让企业的库存降到零，只有这样才能真正达到所有物流的本质[1]。

"新零售"是相对于已有零售模式而言的一种新型零售模式的概念表达。新零售，实际上是企业以互联网为依托，通过运用虚拟现实、云服务、机器学习、第五代移动通信技术（5G）等先进技术手段与标准,对已有零售商业模式加以改革和创新,进而重塑线上电商与线下零售实体间的组织结构与生态圈,并对线上线下消费渠道及现代物流进行深度融合的零售新模式,它将打破线上线下等所有的边界,以一种全面融合、全渠道的业态与消费者进行接触。

近年来,居民消费水平的提高以及消费需求的变化,生鲜产品、药品、连锁餐饮的产量和流通量逐年增加,冷链物流的发展十分必要。中国冷链物流市场规模不断扩大,2019 年冷链物流①市场规模已达 3 780 亿元,2020 年达到 4 850 亿元,同比增加 28.3%(如图 1-1 所示)。企业方面,如冷链物流上游的青岛海容、冰轮环境,中游的顺丰冷运、京东物流、上海安鲜达等企业也都进一步发展。同时,中国冷链物流企业数量持续增长,在 2019 年达到了 1 832 家,但存在着地域分布不均的问题,32.3% 的企业集中在华东地区。目前广义的冷链物流产业主要应用于食品及医药两大产品线,本书集中在面向新零售的食品冷链物流。艾媒咨询(iiMedia Research)的数据显示,2021 年中国生鲜电商交易规模超过 3 100 亿元(如图 1-2 所示),而医药物流市场预计在 2021 年达到 4 万亿元,并且预计未来冷链物流产业将开拓出新的产品线,冷链物流市场潜力较大。艾媒咨询分析师认为,未来冷链物流产业发展仍将持续,将会向共同配送模式、多式联运模式、融合发展模式、智能化模式、再生可循环模式等方向发展②。

居民收入的不断增加,直接推动了消费升级,尤其是在新零售背景下,对冷链商品需求的扩大,使冷冻冷藏产品的销量不断增加,从而带动了冷链物流运输需求量的增加。随着科技的发展,社会产品多样性逐渐增多,越来越多的农副产品、生鲜食品等需要冷链运输,人们将更加关注冷链物流运营、存储优化技术等,冷链物流的适用领域将继续拓宽,有利于冷链物流企业的发展。同时,在国家各项政策及

---

① 这里的冷链物流一般指冷藏冷冻类食品冷链物流,不包含医药。
② 艾媒咨询. 2021 年中国后"疫"时代生鲜电商运行大数据及发展前景研究报告 [EB/OL]. (2021-05-17). https://www.iimedia.cn/c1061/78639.html.

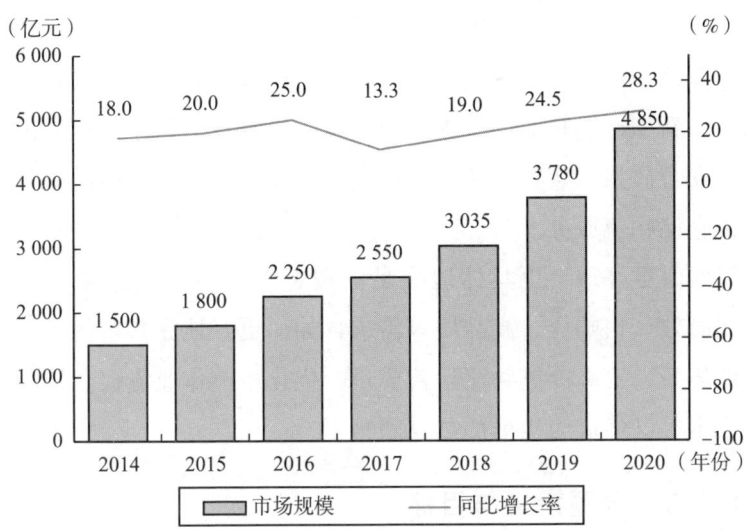

图 1-1　2014~2020 年中国冷链物流市场规模

资料来源：中国物流与采购联合会冷链物流专业委员会，艾媒数据中心（data.iimedia.cn）。

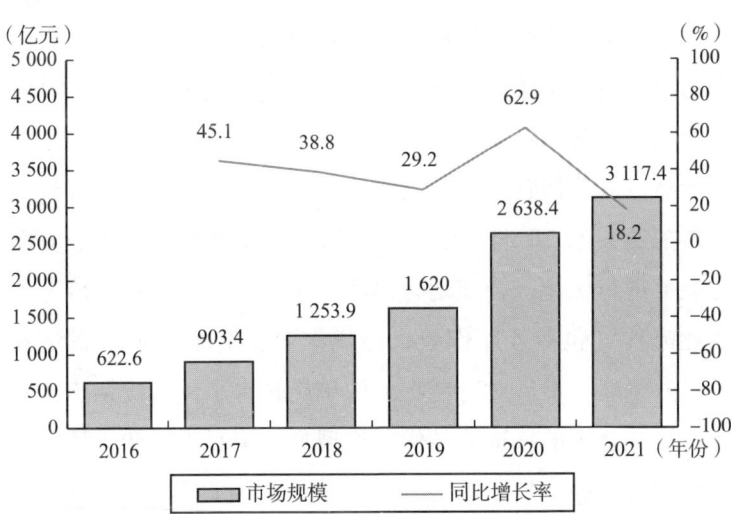

图 1-2　2016~2021 年中国生鲜电商市场规模及预测

资料来源：艾媒数据中心。

市场需求的刺激下，各种物流企业及电商企业纷纷转型并布局新零售模式下冷链物流，其业务模式及形式不断创新、扩展。在这一新零售背景下，新型冷链物流服务提供商可以为生鲜食品行业客户提供冷库仓储、安全质检、货物包装、分拣加工、冷链宅配、门店配送等一体化冷链仓储物流服务。

但如何更好地、更具体地满足消费者对于生鲜冷链食品的多频次、高时效、快响应、高品质等需求，如何更好地完善与优化新型冷链物流体系，提高冷链物流运营质量、优化冷链作业流程、控制冷链物流成本等已经成为当前的热点问题。

1.1.2 选题意义与目标

新零售模式的出现，对生鲜等食品冷链物流提出了更高的要求。满足消费者对于生鲜冷链食品的多频次、高时效、快响应、高品质等需求，提高冷链物流运营质量、优化冷链作业流程、控制冷链物流成本等是当前冷链物流产业发展面临的重要问题。

本书首先借助三维（3D）虚拟仿真软件，内景呈现新零售背景下冷链物流服务各个环节、设备以及业务流程；其次结合新零售模式下消费者对生鲜冷链食品的最新需求，从2C端（面向消费者，电商零售城市配送）与2B端（面向商场超市，商超专配）两个方面对订单配送服务进行优化，合理划分出库作业时窗；再次针对冷链物流服务的作业流程（包括入库作业、补货作业、出库作业）制定和运用合理的运营策略；最后对冷链物流的单旋转水平回转货架拣选系统进行优化，设计合理的拣选路径优化模型，解决水平回转货架系统拣选作业优化调度问题，为新零售背景下冷链物流运营及优化提出创新、可行的参考建议。

本书旨在通过现代虚拟仿真技术分析当前典型冷链物流运营现状，以命题案例形式对冷链物流运营的各个环节进行数据采集与分析，针对作业流程提出了合理的运营策略，针对水平回转货架拣选作业优化调度问题进行研究，一方面可以为后续的学习与研究提供立体式、形象化、可视化的冷链物流理论兼具案例依据，另一方面也可以指导相关新零售冷链物流企业进行生产活动。

1.2 文献综述

1.2.1 关于冷链物流研究综述

1. 国外研究现状

（1）冷链物流。西方早期发达国家冷链物流发展较早，相对比较成熟，已经形成了一套较为完备的冷链物流运营体系，关于冷链物流的研究较为多元化。

在冷链物流模型建构及规划设计方面，迪卢帕·那坎达拉（Dilupa Nakandala，2016）等开发了一种方法来帮助新鲜食品供应链上游的物流经理做出有关运输的成本优化决策，目标是最大限度地降低总成本，同时将食品质量保持在可接受的水平以上。考虑到从多个农场收集的多种新鲜食品被运输到仓库或零售商的情况，本书开发了一个总成本模型，其中包括运输过程中产生的各种成本。该模型的实际应用通过使用几种计算智能方法来说明，包括遗传算法（GA）、模糊遗传算法（FGA）以及改进的模拟退火（SA）程序，其中应用了用于效率基准的修复机制。该研究通过使用基于相关数据的模拟研究并评估模拟结果，证明了这些方法的实际可行性[2]。宋秉德（2016）等研究了一个车辆路线问题，该问题包括冷藏和一般类型的车辆，用于多种商品的易腐烂食品交付。假设每个顾客订购的食品的位置和数量都是已知的，冷藏和普通类型车辆的容量、最大交货时间和可用数量是预先确定的，通过反映这些特征，开发了非线性数学模型和启发式算法来生成有效的车辆路线，目标是最大化依赖于交付食品新鲜度的客户满意度的总体水平。此外，通过数值算例和敏感性分析证明了模型的有效性[3]。

在冷链物流体系控制决策方面，乔杜里（Chaudhuri，2018）等首先确定了冷链从业人员可以收集和分析的多种类型数据，以及实现数据捕获所需的信息通信技术（ICT）基础设施，最后讨论了如何利用数据进行冷链物流决策。文章发现需要将温度、湿度和振动等条件的连续监测活动与为支持实时质量评估、产品实际剩余保质期等这些用于冷链的决策之间建立联系。整个冷链企业需要采用适合特定环境的适当技术来捕获整个冷链的数据，长期分析此类数据还可以建立不同运输条件下产品质量损失模型，进而重新设计运输网络并采取预防措施，改善运输条件，以最大限度地减少质量损失[4]。普拉迪塔（Pradita，2019）等发现印度尼西亚消费者寻求优质新鲜食品的意识正在增强。跨岛运送农渔业产品需要冷链物流。印度尼西亚的物流供应商数量不断增长，尤其是货运服务。他们的目标是识别冷链物流供应商的业务流程和相关活动，分析问题并提供改进建议。对此他们进行了深入访谈，并使用集成定义功能建模（IDEF0）分析了业务流程。结果表明，主要问题是缺乏适当的冷链物流和供应链管理知识，建议提高主要活动的效率[5]。

（2）仓储管理。在仓储管理方面，外国学者的研究主要集中在仓储管理信息系统的设计与优化，以及仓储中订单拣选算法等作业优化方面。

订单拣选是从仓库中的存储位置取回物品以满足客户需求的过程。订单分拣系统可以分为两类：货到人订单分拣系统和人到货订单分拣系统。在第一种类型的订单拣选系统中，自动存储和穿梭车将所需物品运送到固定拣选机，而在第二种类型的订单拣选系统中，拣选员步行或乘车穿越仓库收集订单所涉及的物品。

在仓储管理信息系统领域，阿提赫（Atieh，2016）等研究调查了仓库管理系统对供应链绩效的影响，该系统可提供更少的资源投入、更高效、更可靠的库存管理系统。在定制可以处理必要交易的软件之前，对执行的供应链仓库程序进行了审查。该软件经过测试，可以增强工作流程并提供及时有效的处理。数据是从约旦一家领先电信服务提供商的仓库收集的，此外，研究了设施布局，在仓库内引入了一个生产站，从而更好地优化并利用仓库的空间。生产站由三个步骤组成：捆绑、贴标签和重新包装。该系统处理产品生命周期的三个阶段：用户识别卡（SIM卡）和预付费刮刮卡的接收、处理和分发。详细讨论了产品生命周期的每个阶段，并确定了流程/程序差距。这项工作可以作为一些研究人员将软件库存管理系统与约旦电信部门的传统手动系统进行比较的实践指南和行业示例[6]。巴鲁法尔迪（Baruffaldi，2019）等说明一个原始的决策支持工具（DST），可以帮助第三方物流（3PL）经理决定正确的仓库管理系统（WMS）定制。该工具的目的是解决影响此类决策的三个主要问题：信息共享的成本、客户数据的稀缺可见性以及量化投资WMS功能的回报的不确定性[7]。

在仓储供应链订单拣选等作业优化方面，博塔尼（Bottani，2015）等认为仓库是供应链中的重要环节，在这里，产品被临时存储并随后从存储位置检索以完成客户的订单。订单拣选活动是仓库中最耗时的流程之一，估计占仓库运营总成本的55%以上。因此，科学家和物流经理将订单拣选视为最有希望提高生产力的领域之一。它为读者提供适用于拣选优化问题的不同智能工具的概述。具体来说，展示了如何使用不同类型的智能算法来优化仓库中的订单拣选操作，通过减少拣货员的旅行距离（从而缩短时间）。分析的智能算法集包括：遗传算法、人工神经网络、模拟退火、蚁群优化和粒子群优化模型。对于每一种智能算法，都从简要的理论概述开始，然后基于现有文献，展示了如何实现该算法以优化订单拣选操作，还讨论了每种算法的预期优缺点[8]。

优素菲·内贾德（Yousefi Nejad，2021）等认为为设计和操作仓库系统所做的决策具有重要意义。这些运营决策受到总物流成本的强烈影响，包括投资和直接运营成本。仓库管理物流部分的客户订单数量非常多，因为不同客户订购的产品数量、类型和物品差异很大，然而，在物流中心提取产品的机器布局是最小的、不灵活的，并且在某些情况下是不确定的。在这项研究中，将拣货员路由问题作为混合整数编程模型来解决订单的联合订单批处理程序。在小型、中型以及大型规模订单实验中均进行了大量的数值仿真计算。为了考虑参数的不确定性，对这个问题应用了强大的可能性编程。三种不同的元启发式算法——遗传算法、粒子群优化算法和蜂蜜人工蜂群算法被用作求解方法来求解公式化模型。使用几个测试指标分析了该问题的解决方法的性能。在所有三组示例中，目标函数的平均值之间没有显著差异，而计算时间之间存在显著差异[9]。

杰梅尔卡（Jemelka，2019）等提出了一种有效的解决复杂的仓库管理仿真实现的方案。大多数注意力集中在使用递归ABC分类方法（Activity based classification，帕累托分析法，简称ABC分类方法）进行仓库管理。仿真研究的目的是验证递归ABC分类方法是否在优化仓库方面产生额外的好处。完整的仿真和数学计算在Witness Lanner仿真工具中进行。该仿真研究的目的是在模型的每个部分使用递归ABC方法发现更好的解决方案。此外，仿真研究提供了可以改进仓库管理从而降低成本的建议。Witness仿真环境用于建模和实验、评估和测量所有数学计算和模拟，以及输入和输出值的所有设置。最后介绍了所提出的模拟实验和所取得的结果的评价[10]。

（3）水平回转系统拣选路径优化。自动化仓储系统是现代仓储管理的一个重要设备和标志，其中回转式仓储系统可分为垂直旋转式仓储系统以及水平旋转式仓储系统。垂直回转式仓储系统是一系列固定位置连接到链条驱动的载物架。它由一个电机驱动运行，以垂直循环的方式将载物架传送到轨道的前后两个方向，类似于摩天轮。产品通过带有工作台的符合人体工程学的开口进行仓储或检索。水平回转式仓储系统带由一个椭圆形轨道组成，这个轨道用来支撑带架子的物料箱。位于椭圆形轨道内的电机马达水平驱动着在轨道周围的载物架，当需要时将指定的载物架停在预先指定的出口，以达到仓储或检索产品的目的。这两种自动化技术都是从 20 世纪 50 年代开始出现的，并且经常被归类为自动化立体仓库（automatic storage and retrieval system，ASRS）。事实上，它们丰富的历史和物料处理经验使它们成为稳定可靠的仓储设备。在它们的发展过程中，不停地设计调整和改进确保了这些可靠的动态仓储设备继续提供现代化的制造和配送设施，提高了物料处理效率。

水平回转货架系统是自动化仓储技术的前沿技术，它以其空间利用率高和控制灵活等优点成为自动化立体仓库的重要存储设施。水平回转货架系统遵照"货到人"原则展开作业，将所需货品直接输送到拣货口，不需要浪费时间来进行无用的走动和搜索。同时可将多个订单合并到一个批次，将拣选效率提升到一个新的层次。

塔皮亚（Tappia，2019）为了研究上游存储和下游拣选系统之间的相互作用，针对集成存储和订单拣选系统开发了一种新颖的分析模型。使用矩阵几何方法求解得到的半开放排队模型。使用排队网络模型，能够研究存储系统技术对订单吞吐时间的影响，以及拣选窗口输入缓冲区大小对订单拣选性能的影响。此外，还分析了订单的定量在制品法（constant work-in-process，CONWIP）控制对系统性能的影响。该研究结果表明，使用基于穿梭的存储和检索（shuttle-based storage and retrieval，SBS/R）代替基于自动存储和检索（automated storage and retrieval，AS/R）的存储系统可以节省投资成本（存储区域中的通道更少，拣选窗口更少），同时在给定的订单到达率下总吞吐时间更短。数值研究表明，通过增加拣选窗口的输入缓冲区大小和拣货员的可用性提前在存储系统中取回物品手提箱也是有利的，尤其是在 SBS/R 系统中[11]。

菲利克斯（FelixLee，1997）等研究了排序存储和检索请求对自动存储和检索系统（AS/RS）性能的影响，其中存储请求被分配到预定的存储位置。通过利用这种独特的操作特性，在静态和动态方法下提出了几种最佳和启发式排序方法。此类排序方法的应用包括具有专用存储的单元加载 AS/RS、小型加载 AS/RS，以及具有随机存储的潜在单元加载 AS/RS。该研究发现排序方法可以显著减少存储和检索机器的旅行时间，从而提高吞吐量，并且动态启发式方法简单快速，但明显优于其他方法[12]。

2. 国内研究现状

（1）冷链物流。我国的冷链物流起步虽然较晚，但发展非常迅速，随着居民消费水平提高以及商业需求的转型升级特别是新零售的快速发展，国内研究人员对冷链物流进行了大量的研究，主要集中在新零售背景下冷链物流供应链管理、模型构建以及配送路径优化等方面。

在冷链物流模型建构及规划设计方面，申全杰（Shen QuanJie，2021）等将基于新零售环境，以生鲜产品为研究对象。通过对产品供应、冷链物流、仓储配送、零售贸易等环节的研究，分析各个环节之间的关系。在此基础上进行充分的探索和分析，希望对新零售企业生鲜供应链模式提出优化建议和改进方案。生鲜供应链模式的研究对提高我国经济水平和市场环境具有积极意义[13]。萧玉祥（Yu-Hsiang Hsiao，2018）等制定和解决了一个关注冷链水果和蔬菜质量的最后一公里配送计划问题。基于果蔬冷链的特点，扩展了带时间窗的车辆路径问题（VRPTW）。VRPTW 考虑了多种易腐食品的特性、质量持续下降、质量水平的各种要求以及车辆运输过程中的最佳温度设置。产品质量水平是通过对随温度变化的剩余保质期的估计来定义的，其特点是在运输过程中随着时间的推移逐步降低。遗传算法（GA）适合解决该问题，因为它具有解决 VRPTW 相关问题的令人信服的能力。为此，设计了解决方案编码、适应度函数和进化算子来处理这些复杂问题[14]。

在冷链物流供应链管理及终端配送方面[15]，徐平（Xu，2020）

等为降低生鲜电商终端物流配送成本、提高消费者满意度,以总经济成本最低为目标函数,采用基于时间窗约束的遗传算法优化生鲜电商终端配送路径冷链物流,并以镇江市井口区社区分布为例验证了该方法的有效性[16]。

朱申军(Shenjun Zhu,2021)等研究了依靠保鲜成本的投入来降低配送过程造成的货物损坏成本,进而提出新的车辆路径问题(VRP)。根据所有相关成本,该研究建立了一个以总配送成本最小化为目标的数学模型。针对该问题设计了混合蚁群优化算法,并通过两组对比实验验证了模型和算法的有效性。为了确定哪些产品应该投入保鲜成本以降低总分销成本,对模型中的相关参数进行了数值分析。研究结果可为冷链物流配送企业配送路线设计提供决策参考[17]。

(2)仓储管理。国内关于仓储管理的研究也是从两方面进行的,一是仓储管理信息系统的设计与优化,二是对仓储管理中的作业环节进行算法优化研究[18]-[21],如订单拣选的作业环节[22]-[25]。

在仓储管理的作业拣选优化方面,万明重(2021)等针对以最小化总延误时间为目标的智能仓库的订单拣选问题,考虑订单可以被拆分的情形,提出订单拆分策略,并建立了相应的非线性0-1整数规划模型[26]。为高效求解智能仓库订单拣选优化问题,将问题的模型分解为订单分批阶段和批次分配阶段,并分别设计订单分批算法和智能果蝇优化算法。数值实验结果表明,拆分策略能明显减小智能仓库中订单拣选的总延误时间;通过与同类型算法的比较发现,所提出的智能果蝇优化算法具有更优越的性能。

闫军(2018)等在仓库的拣选设备容量和拣货人员数量有限制的条件下,研究在线订单分批优化问题,预防订单过早或延迟服务以最短的时间完成拣货任务。构建考虑最小拣货路径的在线订单分批规划模型,以最小化平均有效订单服务时间,提出一种基于规则的启发式算法来求解模型,其中包含k-means聚类算法和遗传算法分别处理订单的分批和拣选路径的规划。最后利用具体算例进行模拟计算,实验结果表明，与传统固定时间窗启发式算法相比，提出的基于规则的启发式算法能够显著提高拣货效率[27]。

李志群（Lee，2018）等认为由于客户订单的复杂性和多样性日益增加，仓库运营需要改变。由于高度定制的订单，往往是小批量但种类繁多，因此有对实时数据和上下文信息的需求。由于订单会根据客户要求频繁更改，因此同步采购订单以支持生产以确保按时完成订单非常重要。然而，低效和不准确的订单拣选过程对订单履行产生了不利影响。其目的是提出一种物联网模型（IOT），它基于仓库管理系统，通过先进的数据分析方法与计算智能技术实现智能物流。从案例企业收集的数据表明基于物联网的仓储管理系统（WMS）系统可以提高仓库生产力、拣选准确性和效率，并且对订单变化具有鲁棒性[28]。

在仓储管理信息系统设计方面，国内学者研究的也不少[29]。伴随着仓储管理材料的种类和数量在不断增加，入库频率的快速提高，庞乐乐（Lele Pang，2020）等认为仓储管理变得非常复杂和多样化。传统的人工仓库操作模式已经难以满足快速的仓储管理，将严重影响企业的运营效率。通过完善智能仓储管理系统，必须采用射频识别（RFID）应用技术、可视化技术等，提高物资管理效率。通过降低物料管理成本，实现仓库物料的优化管理。该研究首先分析了仓储管理和RFID技术的发展趋势，然后，建立了系统设计的整体思路[30]。

（3）水平回转系统拣选路径优化。作为仓储系统核心作业环节之一的拣货作业（也可称为订单拣选作业），直接影响整个仓储系统的响应速度与运作成本。国内的研究不仅限于传统的垂直或者水平回旋等单一的自动化仓储设备，也有以分层旋转式货架系统为代表的混合式回旋仓储拣选系统[31]，但水平回旋系统仍是基础形式之一[32]-[33]。

杨玮（2021）等不仅限于垂直与水平回转等固定式自动仓储设备的研究，基于变邻域模拟退火算法对多自动导引车（AGV）仓储系统任务分配问题进行了研究,并进行了仿真验证。首先,在系统作业流程及自动导引车运行特征的基础上,以目标载具车辆执行任务的时间代价、任务均衡值以及路径代价为目标约束条件,并加入载具车辆空载行驶和负载行驶的耗电数据,构建更符合现实情况的多自动导引车仓储系统任务分配多目标优化模型;其次,针对问题特点,提出了一种可拓展搜索范围的变邻域模拟退火算法,所提算法具有更好的收敛性和搜索效率[34]。冯爱兰(2020)等以流利式货架分区拣选系统为例,构建以最小化所有相邻区域作业时间差值之和与最小化订单分批数量为目标的数学模型,利用智能算法求出其订单分批结果及任务释放顺序的结果,并提出了分类随机指派方式,研究取得了不错的实验效果[35]。

基于自动化立体仓库单拣分层水平旋转货架系统,王罡(2010)等进行了相应的数学建模,针对货物拣选路径规划问题提出与之相对应的改进智能蚁群算法。该算法以较短时间获得最优货物拣选路径。实验仿真结果说明该方法对于中小规模货物拣选路径的规划问题有较高的适应度,可以提高自动存储作业效率[36]。陈月(2019)等研究紧致型智能仓储系统运行绩效问题,具体以单倍深式仓储系统、倍深式仓储系统、移动式仓储系统以及三维立体式仓储为例进行研究[37]。

基于分层水平旋转货架系统,张攀(2004)等提出的数学模型,根据分层水平旋转货架拣选作业路径优化问题(MCS – OOP),提出了层序邻域的概念及其快速局部搜索算法,仿真结果说明了该算法能够快速、稳定的求取 MCS – OOP 问题的最优解,充分满足了中大规模作业要求[38]。林孟诺(2002)研究了自动存储和检索回旋系统,它通过先到先得的方式访问订单,以缩短订单访问时间。基于双转盘自动仓储检索系统的存储和检索问题,开发了双转盘单层系统的单指令数学模型。此外,基于这些特征,开发了一种启发式方法来决定单层和双转盘阶段的存储和检索顺序,以设计双回旋的最终存储和检索操作。研究人员研发了一种新的流程,以确定存储和检索顺序最短[39]。

1.2.2 关于"新零售"的研究综述

通过对新零售的定义解释,不难发现新零售实际上来源于线上到线下(O2O),在新场景的基础上,线上线下的交互作用被中国电子商务创业者们赋予新的含义。近年来,成为国内外学者和行业工作者们关注的重点。

刘慧娴(2020)研究了山东航空生鲜冷链物流体系,以"新零售"为背景从生鲜冷链的高时效性、高质量、高频次的需求着手,对该案例的现状及问题进行了深入分析,进而提出了促进生鲜冷链物流体系效率改进的优化对策和建议[40]。在新零售的背景下,李毅(2019)根据冷链配送 B2B 和 B2C 业务的特征,提出 2B 和 2C 协同配送模式,并研究该模式下的配送路径优化问题[41]。卢敏贞(Minjung Roh,2019)等认为 O2O 服务的研究只关注移动应用程序的技术优势,而忽视了作为人们生活方式基础的价值体系的作用[42]。为了避免零售多渠道之间的冲突,潘塔诺(Pantano,2015)等提出了一种新环境策略,即一个零售商同时处理更多渠道。与单一处理渠道相比,新兴的集成环境将吸引更多消费者,从而避免将行为转向竞争对手的渠道。该实证研究基于刺激—有机体—反应范式,涉及237 名消费者的样本,他们被要求探索在大学实验室中模拟的新零售环境[43]。

国内学者以中国电子商务发展为背景,阐述了"新零售"发生的内在原因以及作用机理,并将"新零售"与各个行业进行了深度的融合,如在生鲜领域介绍了产生该概念的原因,并表明物流与新零售融合的重要条件,举出了不少的现实案例;国外学者不限于"新零售"这一概念,根据 O2O 概念的延展,指出要将线上与线下相结合,发挥两种模式各自的优点,才能给顾客带来更好的购物体验。

1.3 研究内容、方法与框架

1.3.1 研究内容与章节安排

本书的目标是在新零售背景下通过现代虚拟仿真技术分析当前典型冷链物流企业运营现状及流程，以案例的形式对冷链物流运营的各个环节进行虚拟数据采集与分析，针对仓储管理中的商品储位管理、拣选作业、补货作业、自动化回旋货架拣选算法模型、流通加工作业等各个作业流程提出了合理的运营策略及优化建议。本书主要包含了以下四个部分的内容：

（1）分析研究了当前我国冷链物流产业的发展现状，对行业所处阶段及规模做了梳理，分析研究了国内外关于冷链物流及新零售方面的研究现状及相关文献并进行了较为系统的整理。此部分包含第1章内容。

（2）借助3D虚拟仿真软件，对一典型新零售背景下生鲜冷链物流运营中心①进行场景式调研与分析，内景呈现新零售背景下中型规模冷链物流服务中心基本情况；结合新零售模式下消费者对生鲜冷链食品的最新需求，进行冷链物流运营的数据采集与分析，即从2C端与2B端两个方面对订单配送服务进行优化，合理划分出库作业时窗。此部分包含第2章、第3章内容，具体如下所示。

新零售冷链物流服务运营企业（该企业以运营中心为核心）基本概况主要包括设备规模、服务能力、运作流程、运营成本四个主要部分。

---

① 新零售冷链物流运营企业以冷链物流中心为核心，冷链物流运营即指冷链物流中心运营。

冷链物流运营的数据采集与分析包括：①在动态时窗划分的思想的基础上，结合冷链物流中心的运营特性和历史订单数据等相关数据，对不同类别客户需求量和订单时段进行了分析，根据订单时段划分了合理的出库时窗，以确保商品可以准时到达。②根据 EIQ 方法[E 代表订单或客户（order entry），I 代表商品的品项（item），Q 代表客户的出货量或是商品的出货量（quantity）]对历史订单数据进行分析，绘制了 EQ（客户出货量）、IK（每个单品的订货次数）、EN（每张订单的订货品项数量）和 IQ（商品品项出货量分析）泊松分布图，对其订购量、订购品项、受订次数和品项数量进行分析，得出了冷链物流中心订单数据小批量、多批次、多品种的特点，为运营策略和优化策略的分析打下了重要的数据基础。

（3）针对冷链物流服务的作业流程与特征，进行合理的运营策略优化：进行入库存储策略设计，运用 ABC – FSN 分类法对货物进行储位计划制定；构建订单聚类分析模型，对商品进行聚类分析，优化订单拣选模型；基于 Apriori 算法对商品相关性进行分析，从而得出合理的补货计划。此部分包含第 4 章、第 5 章、第 6 章内容，具体内容如下所示。

①入库存储策略设计。基于模糊 ABC – FSN 分类法，引用模糊因子对库存数据进行微调，赋予不同的分类标识，确定库存物料的相关属性，方便库存管理，同时对货物的储位计划和采购计划制定一个合理科学，经济性强的规划设计。

②拣选作业设计。利用 PCB 方法，确定拣货作业的分拣单位；基于订单相关性的聚类分析模型，对订单内的商品进行聚类分析；基于时间序列分解法对历史订单进行分析，划分订单数量时段，从而对订单进行优化分批，有助于提高订单的拣选效率，制定一个更合理的拣选优化模型。

③补货作业设计。借助 Apriori 算法对商品相关性进行分析，从而得出合理的补货计划，灵活管理库存。这一部分对仓库内各个环节

进行了作业策略的设计,确保各个运营环节高效率完成的同时切实提高其作业的经济性,努力实现高效率、低成本、高收益的物流作业目标。

(4)新零售背景下冷链物流运营优化。对冷链物流的单旋转水平回转货架拣选系统进行优化,设计合理的拣选路径优化模型,解决水平回转货架系统拣选作业优化调度问题,为新零售背景下冷链物流运营及优化提出创新、可行的参考建议。此部分包含第7章、第8章、第9章内容,具体内容如下所示。

①对拣选路径优化问题,提出了一种新的路径优化算法。建立了单旋转货架拣选路径数学模型,通过改进的模拟退火启发式算法求解,通过 MATLAB 实现算法,并用图论的方法分析和论证了该解决方法的可行性。

②对生鲜冷链加工站台任务分配问题进行分析,设计合理的多站台任务分配模型;对相关作业环节出现的问题,进行了功能区和运作流程的优化。

③结合新冠肺炎疫情的实际,为冷链物流中心在疫情之下如何运作提出了智能化、信息化的优化思路,以及疫情之下的优化管理模式。

1.3.2 研究方法

本书在研究的过程中,首先观察研究对象出现的问题和现象,收集和整理前人的学术成果,通过分析和筛选有用的信息,从中进一步发掘本书的切入点和突破点,最后通过建模仿真验证以及分析,形成自身的学术成果,使得研究具有意义和价值。本书主要使用了以下研究方法:

(1)观察与文献研究相结合。研究某一领域需要找到一个切入点,而切入点往往就是学者们先观察然后思考得到的一个科学问题。本书首先分析了我国冷链物流发展现状,对相关数据进行收集并做了相关调研，观察到了新零售背景下的冷链物流运营较少研究的问题，继而引入相应部分的研究。本书同样也需要尽可能地收集国内外相关参考文献和数据资料，作为理论分析以及模型构建的基础。通过相关文献和资料的查阅、整理和分析，了解国内外和本书相关的理论体系以及研究问题的方法和思路，总结前人的成果，结合自身的想法和能力，选择能够实现本书目的的相关理论和方法。

（2）理论研究与虚拟仿真相结合。本书从新零售背景下冷链物流运营实际情况入手，通过对应虚拟仿真软件全流程阐述新零售生鲜冷链的作业过程，将基础知识与案例以及相关案例数据实际联系在一起。

（3）数理分析。数学建模是探讨问题的一种主要研究方法，本书通过对新零售、生鲜冷链物流等理论和一些数据分析方法建立了拣货作业优化、补货作业优化等模型，利用 SPSS 软件进行历史订单数据关联性分析、聚类分析等，基于 MATLAB 仿真工具实现优化算法模型，实现了对问题的计算机描述，更加能够说明问题。

（4）总结归纳方法。本书在观察与文献研究、理论与建模仿真结合的基础之上，进行总结归纳，提出解决问题的对策和措施。从企业层面和政府层面提出了相关建议。

1.3.3　研究框架

本书从新零售背景下生鲜冷链物流运营优化角度着眼，微观上厘清冷链物流新零售业务新的特征、特点，分析讨论出现的问题与矛盾；中观上分析冷链物流运营的各个作业流程等，探讨其作用机制，实现促进生鲜冷链物流业务运营优化；宏观上分析新零售冷链物流发展现状以及存在的问题，以典型冷链物流中心数据为例，研究面向新零售冷链物流优化以及产业发展的对策与建议，从运营中心层面、新零售冷链物业企业层面、政策层面多角度多方位地进行讨论。针对已有研究的不足和新零售背景下冷链物流运营发展所面对的、切实需要解决的问题，本书研究工作拟按照如图1-3研究框架进行。

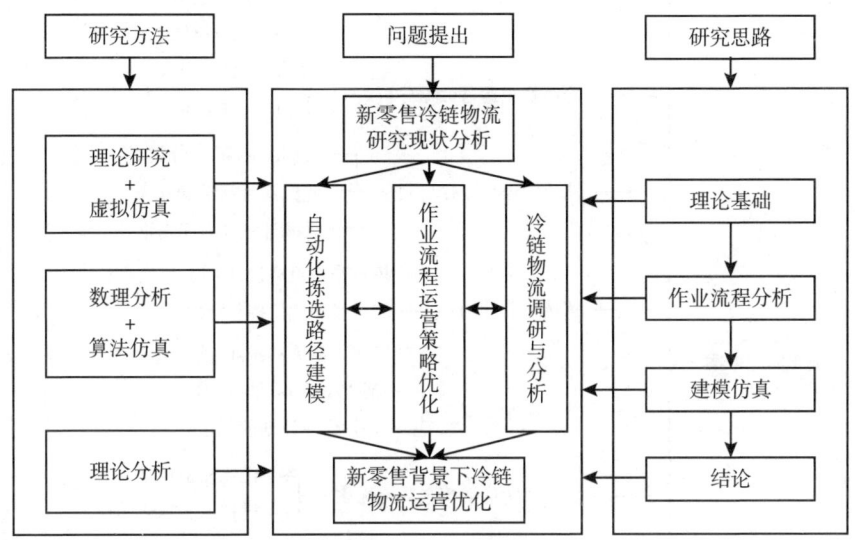

图1-3 研究框架

在图1-3中，分为三部分：研究方法、问题提出以及研究思路。其中中间模块问题提出部分是研究的核心主体，这部分研究采取层层推进的方法。理论研究包括新零售理论、冷链物流理论等；研究方法包括理论研究、虚拟仿真案例分析、数理分析、模型仿真等。

1.4　运营优化设计与创新点

1.4.1　优化实施方案

图1-4给出了本书新零售冷链物流的优化实施方案。

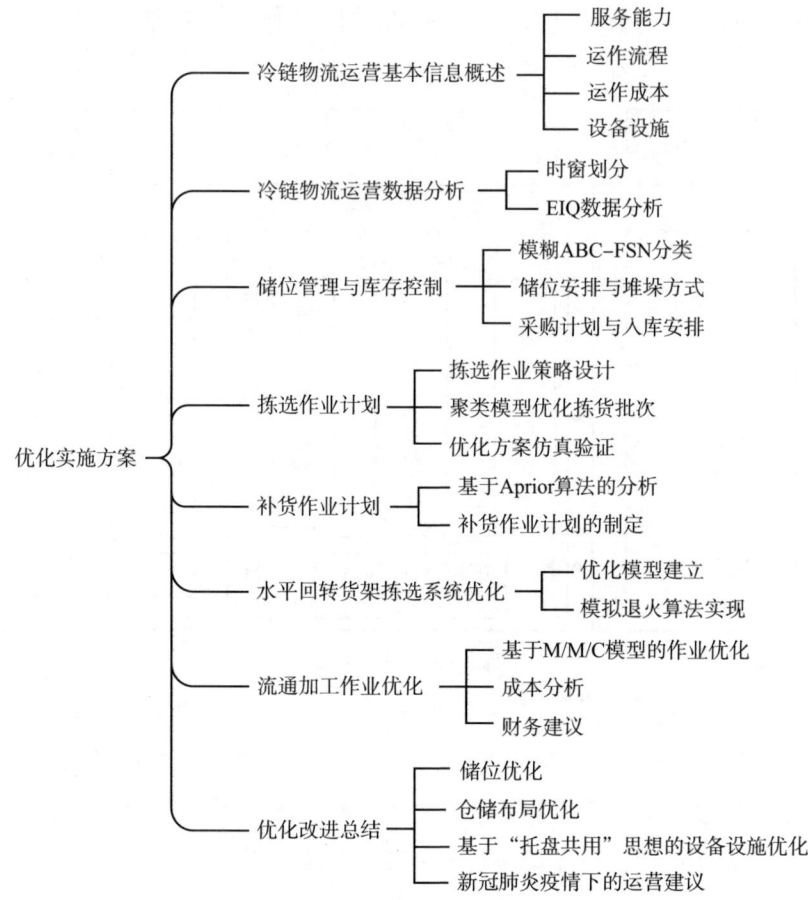

图 1-4 新零售冷链物流优化实施方案

1.4.2 特色

1. 定性分析与定量计算相结合

定性分析和定量分析具有统一性,深刻反映了定性分析和定量分析两者之间存在着不可分割的联系。物流中心的运作设计过程是一个复杂的问题,各个流程都处于动态变化中,每一个流程运转的效率都会影响到整体是否能够高效运转。所以,在设计方案时,把定性和定量的分析方法相结合,增加了方案的可行性。根据冷链物流中心的模拟零售商品信息,建立科学的数学模型,以确保本书具有较强的科学性和可靠性，使得方案更加严谨。

2. 编程分析与基本计算相结合

方案在补货作业中利用 Apriori 算法，通过 MATLAB 和 SPSS Modeler 对商品的关联性进行分析，完成对相关商品订单关联规则的挖掘，使得计算结果更加准确可靠，从而得出更加合理准确的补货作业计划。

3. 模型分析和理论方法相结合

方案在多站台任务分配优化模型中，利用排队论对其进行求解，使整个流通加工环节衔接紧密，使冷链物流中心的整个运作体系更加科学、合理。本优化方案的设计过程中应用了部分物流管理、仓储管理、配送管理等专业知识，并且对理论进行了创新性使用，理论与实践相结合。

4. 系统性和针对性相结合

在面向新零售的冷链物流系统仿真过程中，每个环节都是环环相扣的，系统性较强。在设计方案时从系统的角度出发，将仓储作业、拣选作业、库存控制与储位管理、运营优化等问题进行综合考虑，针对每一部分进行方案设计与优化，使其相互衔接。

5. 经济性和可行性相结合

本优化方案主题设计不脱离"经济性"，始终以低成本、高效率、高收益为目标：对储位管理的优化、拣选作业的优化分批、水平回转货架的效率优化和多站台任务的分配优化都体现了方案追求"低成本、高收益"的主题，经济性较强；为了增强方案的可行性，对冷链物流中心的各个作业环节进行仿真调研，提出其中所存在的问题，给出相应的优化方案。

1.4.3 创新点

1. 基于模糊 ABC – FSN 思想的分类法

基于模糊 ABC – FSN 分类法，引用模糊因子对库存数据进行微调，赋予不同的分类标识，确定库存物料的相关属性，方便库存管理，有效提高了库存管理的效率。同时根据分类结果，对货物的储位计划和采购计划制定一个合理科学，经济性强的规划设计。

2. 基于订单时段的出库时窗划分

基于动态时窗的思想，利用时间序列分解法对订单数量进行划分，分为订单高峰时段，平稳时段和过渡时段。根据订单的时段划分出库作业的时窗以及仓库内作业时段，有利于提高订单处理的时效，提高冷链物流中心的作业效率。

3. 基于 Apriori 算法的商品相关性分析

本书借助 SPSS Modeler 软件运用 Apriori 算法，针对 2C 端订单商品进行相关性分析，从而挖掘电商零售城市配送相关商品的关联规则，找出其中相关性高的商品，为商品制定补货作业方案提供参考依据。

4. 基于订单相关性的聚类分析及优化

方案根据系统提供的相关订单信息，通过对订单内的商品进行聚类分析，可以对订单进行优化分批，有助于提高订单的拣选效率，制定一个更合理的拣选优化方案。

5. 基于排队论思想的站台优化模型分析

本书在多站台任务分配的模型中，基于排队论的思想，将某一时段的"订单需求货品"视作顾客，将冷链物流中心的分包台视作服务台，可以将整个站台分包系统看作一个"排队系统"，这一排队过程被视为多服务站台模型（M/M/C 模型）。

6. 基于模拟退火算法的水平回转优化分析

本书根据水平回转货架的运动规则，将其转化为求解最短路径的优化问题，建立了数学模型，并通过模拟退火算法进行求解。

7. 基于"托盘共用"的设备优化分析

方案为了提高物流中心的托盘作业效率，可以引入托盘联营策略。如果采取托盘共用策略，省去了托盘摆放作业、货物堆码作业以及码盘工作，将会大大提高物流中心作业环节的效率。

8. 基于新冠肺炎疫情下的优化建议

疫情下的冷链物流暴露出诸多问题，但是消费群体对生鲜食品的需求激增，也让冷链物流行业迎来了新的发展机遇。本书结合实际，针对疫情下的冷链物流中心提出了智能化、信息化的发展思路以及疫情之下冷链物流中心的管理模式优化思路。

第 2 章

新零售背景下的冷链物流概述

2.1 新零售模式下冷链物流相关理论

2.1.1 新零售的内涵

如图 2-1 所示,电子商务网络零售规模持续扩大,网络零售占比进一步提高,从图中可以看到 2014~2016 年网络零售额增速减缓,从 2016~2020 年后网络零售额增速有所增加,但实体零售额增速增长较慢。

"新零售"概念是 2016 年 10 月马云在杭州云栖大会上提出的。他指出,纯电商时代很快会结束,未来的 10 年、20 年没有电子商务这个概念,只有新零售这一说法。它意味着线上线下和物流必须有机地结合在一起,才能诞生真正的新零售。线下的企业必须走到线上去,线上的企业必须走到线下来,线上线下结合现代的物流,才能真正创造出新的零售。他指出,物流公司不仅仅是要比速度,未来物流的本质是真正消灭库存,让库存管理得更好,让企业的库存降到零,只有这样才能真正达到所有物流的本质。

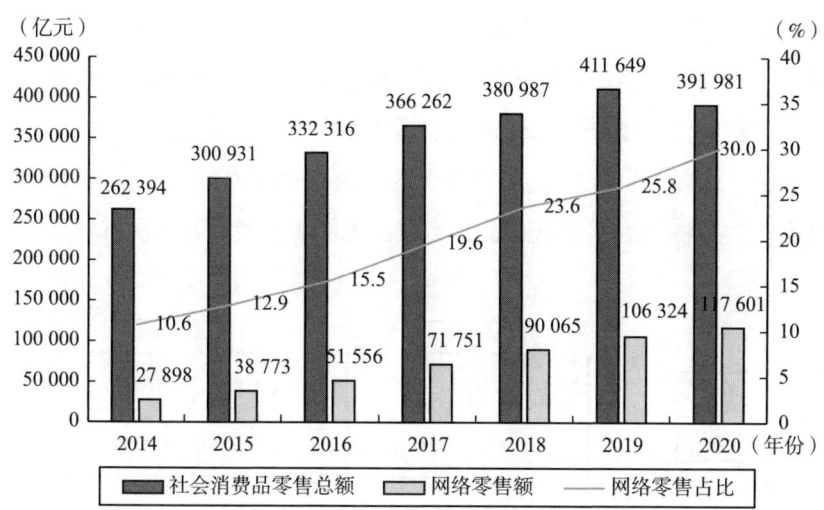

图 2-1 2014~2020 年中国网络零售情况

资料来源：国家统计局、艾媒咨询。

从电子商务发展趋势上看，一方面，传统电商由于互联网和移动互联网终端大范围普及所带来的用户增长以及流量红利正在逐渐萎缩，传统电商所面临的增长"瓶颈"从 2014 年开始显现。另一方面，传统的线上电商从诞生之日起就存在着难以补平的明显短板，线上购物的体验始终不及线下购物是不争的事实。随着我国居民人均可支配收入的提高和需求的多样化发展，消费者越来越重视购物的体验，而对商品价格的敏感度在降低。而纯粹的线上电商存在明显的短板。线下实体零售商店可以给顾客提供商品与服务，这种体验具备了可视性、可听性、可触性、可感性、可用性等直观属性，然而线上电商企业一直以来没有找到一条能够较好提供真实场景和良好购物体验的现实路径。那么线上的电子商务运营企业必然要走向线下，结合实体零售。为了提升消费者的网络购物体验，阿里巴巴集团在 2016 年 3 月宣布成立 VR（虚拟现实）实验室，之后配合集团的"造物神"科技计划并全面启动"Buy+"项目。但是在消费者实际的购物体验方面，线上电商仍远不及实体零售是无法否认的事实。传统线上电商企业实现可持续发展的最大障碍是不能较好地满足人们日益增长的对高品质、异质化、体验式消费的需求。因此，如图 2-2 所示，中国已经进入了新零售阶段，持续推进消费者购物体验不断的升级需要积极探索运用"新零售"模式，加快消费购物方式的变革，建构零售业全渠道生态，必将成为零售电商企业实现自我创新发展的又一次有益尝试。

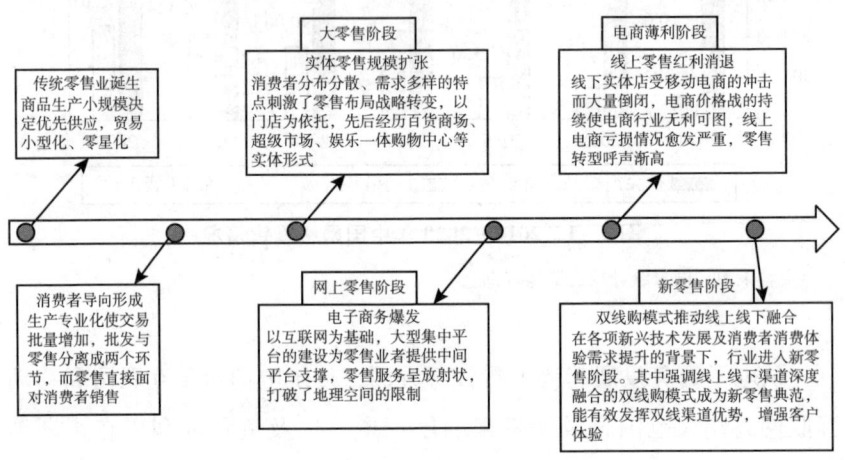

图 2-2　中国零售业发展进入新阶段

资料来源：艾媒报告，《2019 中国零售购物双线购新模式发展报告书》。

新零售的定义就是以消费者体验为中心的数据驱动的泛零售形态。新零售将不同于以往任何一次零售变革，它将通过数据与商业逻辑的深度结合，真正实现消费方式逆向牵引生产变革。它将为传统零售业态插上数据的翅膀，优化资产配置，孵化新型零售物种，重塑价值链，创造高效企业，引领消费升级，催生新型服务商，并形成零售新业态，无时无刻为消费者提供超出期望的"内容"。根据阿里的研究报告，新零售具有三大特征：①以心为本，数字技术创造力千变万化，无限逼近消费者内心需求，最终实现"以消费者体验为中心"，即掌握数据就是掌握消费者需求。②零售二重性，即借助数字技术，物流业、大文化娱乐业、餐饮业等多元业态均能延伸出零售形态，更多零售物种即将孵化产生。③零售物种大爆发，即任何零售主体、任何消费者、任何商品既是物理的，也是数字化的。

2.1.2 冷链物流的概念及分类

冷链物流是指物品在生产、仓储或运输和销售过程中，一直到消费前的各个环节中始终处于产品规定的最佳低温环境下，才能保证食品质量，减少食品损耗的一项系统工程。

本书面向新零售涉及的食品冷链物流的对象产品包括的一般的产品有：农产品、禽肉类、水产品、花卉、加工食品、冷冻或速冻食品、冰淇淋和蛋奶制品、快餐原料、酒品饮料等。特殊的产品如药品（疫苗、血液）、化工品等，属于医药类冷链，不在本书涉及范围内。

构建从产区到销区、从田头到餐桌的全程冷链物流体系，对于保障居民饮食安全、提升冷链流通发展水平、促进农业高质量发展和乡村振兴、满足市场多元化消费需求、提高城乡居民生活品质具有重要现实意义[①]。

2.1.3 新零售模式下的新冷链物流特征

综上所述，新零售的核心在于全面推进线上与线下的一体化融合，使线上的互联网技术力量和线下的实体店终端形成真正意义上的合力，从而不断地促使电商平台和实体零售店面在商业维度上的优化升级。同时，新零售商业模式也将促成价格消费时代向价值消费时代的全面转型。建构新零售商业模式必须在供应链的重构与物流方案的不断升级的基础之上。新冷链物流不仅体现在冷链物流配送的时间更短，更体现在库存周转率提高、运营成本降低等方面，最终实现提质增效，有效降低新零售冷链物流企业的运营成本，提高运营效益，提

---

① 前瞻产业研究院.2020年中国冷链物流发展报告［EB/OL］.（2020 - 12 - 24）.https://bg.qianzhan.com/report/detail/2012241004584640.html.

升消费者的服务体验。

新冷链物流要求具备更好的服务属性,面向不同服务对象,有更高的即时响应,更合理的面向客户的配送时窗设计,更好的物料存储与储位管理[44],更加优化的订单拣选策略及补货设计等。新冷链物流库存更低、效能更好。在这种模式下,不论是直接面向消费者的2C端还是面向商超的2B端,其冷链物流中心的仓储、配送、分拣等环节都具有高超的效率,依据大数据技术可以有效地服务更多的客户[45]。

2.2 基本情况概述

2.2.1 设备规模

1. 整体布局规划

现某一典型中等规模新零售冷链物流运营中心库房面积1.56万平方米,单体建筑结构为双层布局,一层有装卸平台,东南侧为入库卸车区域,西侧为出库装车区域,一层冷链物流作业区域主要有入库区、整货存放区、零货存放区、复核打包区、装备区、出库区等,如图2-3所示。

二层有垂直升降机,供冷链物流仓储人员及设备使用,同时配备旋转输送机和人货分离的电梯,用于货物的出入库作业,二层冷链物流作业区域有设备存放区、整货存放区、零货存放区、分包区、复核打包区,如图2-4所示。

(1) 入库区。该区域主要负责入库前的准备工作,如接货、卸货、清点、检验、分类、码盘、入库准备等,图2-5所示为入库月台示意①。

---

① 本书中的3D虚拟仿真作业示意图均采自百蝶ITP教学一体化平台3D虚拟冷链物流仓库仿真软件。

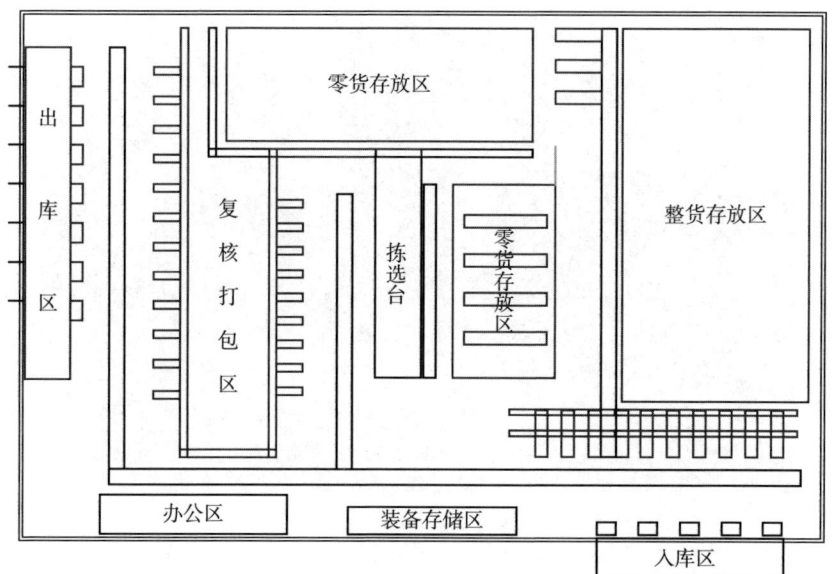

图 2-3 一层冷冻库仓库平面布局

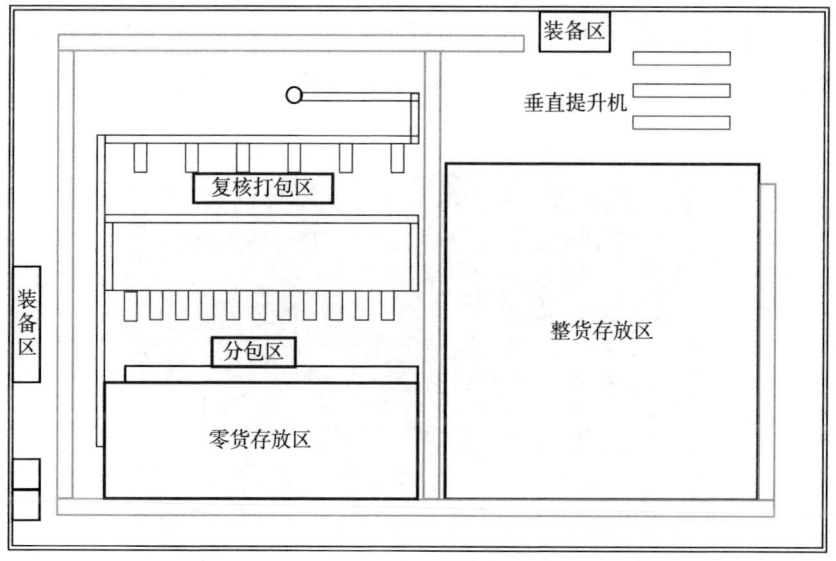

图 2-4 二层冷藏库仓库平面布局

图 2-5 入库月台

（2）整货存储区。一层整货存储区采用自动化立体货架，主要负责存放冷冻托盘商品。二层整货存储区采用重型货架，主要用于存放冷藏托盘商品，图 2-6 所示为自动化立体货架，图 2-7 所示为重型货架。

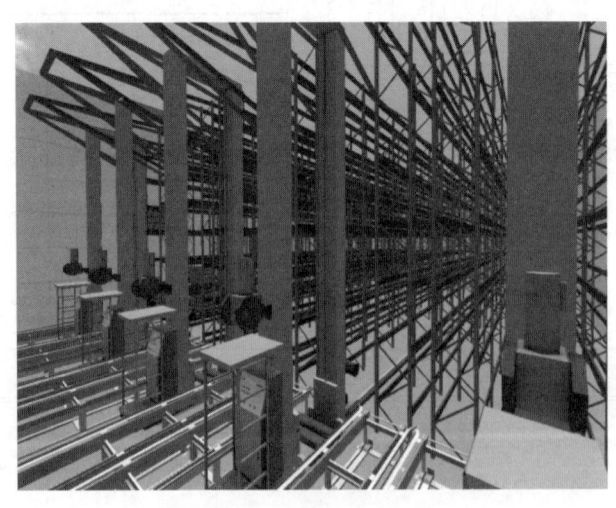

图 2-6 自动化立体货架

图 2-7 重型货架

(3) 出库区。该区域主要负责暂存打包完成的出库订单商品，不同的出库口负责不同地区的订单商品的暂存。该区域由多种传输设备组成的货物传输分拣网络，准确快速地将打包货物输送到指定的分拣线出口，图 2-8 所示为出库集货口，图 2-9 所示为出库月台。

图 2-8 出库集货口

图 2-9　出库月台

（4）零货存储区。零货存储区是存放散件出库商品的区域，方便拆零取货，一层零货存储区设备有水平回转货架和中型货架，其中水平回转货架存放 A 类商品，中型货架存放 B 类、C 类商品，二层零货存储区设备为中型货架，拆零商品都可存放在此，图 2-10 所示为水平回转货架，图 2-11 所示为中型货架区。

图 2-10　水平回转货架

第 2 章 新零售背景下的冷链物流概述

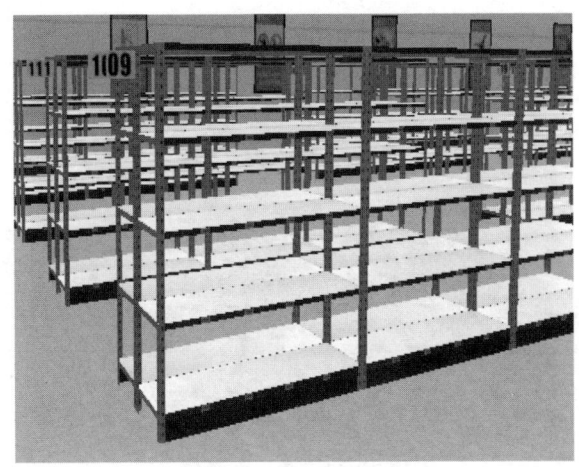

图 2-11 中型货架区

（5）设备存放区。用于存放仓库中常用的物流搬运设备，包括托盘搬运车、单层手推车、双层手推车等，图 2-12 所示为手推车存放区，图 2-13 所示为叉车存放区。

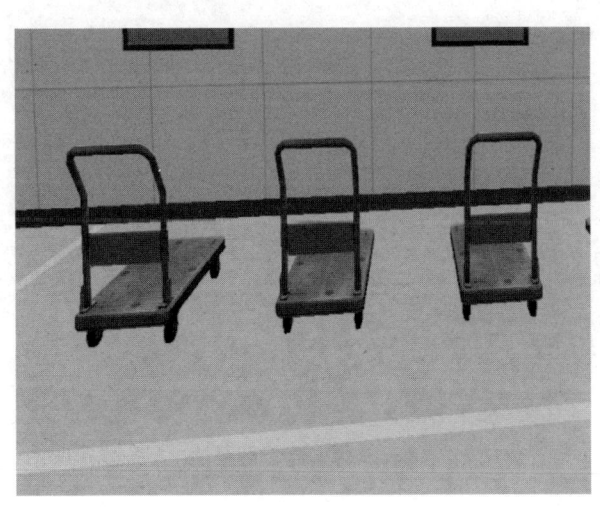

图 2-12 手推车存放区

图 2 – 13　叉车存放区

（6）分包区。该区域主要负责蔬菜类商品的分包加工作业，图 2 – 14 所示为分包区平面。

图 2 – 14　分包区平面

（7）复核打包区。该区域用于出库商品的复核和打包作业，保障出库商品的准确性，图 2 – 15 所示为复核打包工作台。

第 2 章 新零售背景下的冷链物流概述

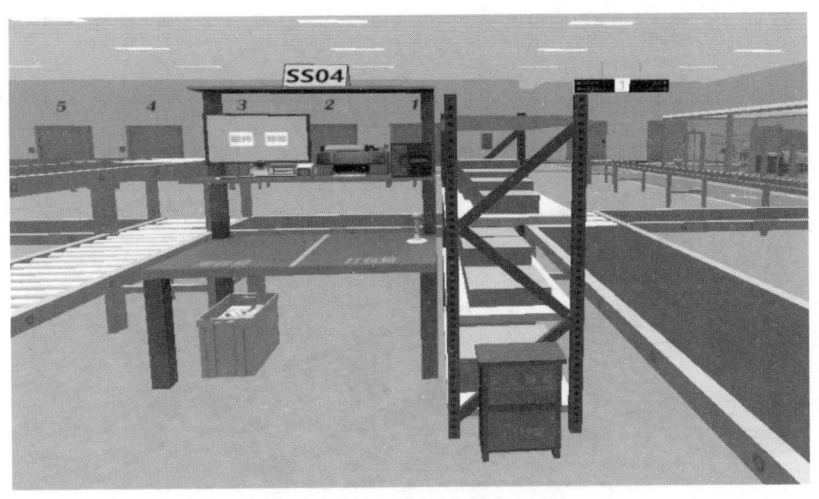

图 2-15 复核打包工作台

（8）异常货物区。该区域用于异常货物的打包和存放，图 2-16 所示为异常货物打包区，图 2-17 所示为异常货物存放区。

图 2-16 异常货物打包区

图 2-17 异常货物存放区

（9）办公区。办公区包含仓储部、财务部、客服部、会议室、总经理办公室等。

2. 设施设备信息

通过 BD 虚拟仓库中心运营软件（WMS）实地调研该物流中心的设施设备规模，熟悉物流中心每种设备的功能用途，具体调研数据如表 2-1 和表 2-2 所示。

表 2-1　　　　　　　　设备设施情况

设备名称	图例	用途
托盘		用于集装、堆放、搬运整箱货物

续表

设备名称	图例	用途
周转箱		用于集装、放置、搬运零散货物
叉车		用于托盘货物的上架
双层手推车		短距离搬运较轻的物品
单层手推车		在机动车辆不便使用的地方工作,在短距离搬运较轻的物品时十分方便

表 2-2　　　　　　　　　　设备设施规模调研

调研问题			调查结果
作业设备	入库月台口数量		5 个
	出库月台口数量		9 个
	复核打包台		8 个
	分包台		6 个
	分拣口数量		3 个
	出库集货口		9 个
	托盘规格	长	1 000 毫米
		宽	1 200 毫米
		高	150 毫米
	旋转升降机		1 个
	垂直升降机		3 个
装卸搬运设备	叉车		11 个
	单层手推车		16 个
	双层手推车		10 个
存储设备	自动化立体货位数量		10 排 10 列 6 层（共 1 177 个货位）
	重型货架数量		14 排 9 列 3 层（共 737 个货位）
	中型货架数量	冷冻区	8 排 15 列 4 层（共 1 920 个货位）
		冷藏区	8 排 9 列 4 层
		异常货物存储区	4 排 2 列 4 层
			共 1 152 个货位
	水平回转货架数量		12 排 12 列 6 层（共 4 235 个货位）

（1）冷冻层托盘储存区货位编码。托盘储存区为自动立体货架，区域代码统一采用 A。货架统一采用单排 10 列 6 层的高位货架，共 10 排货架，托盘储存区 1 个货位可存储 1 个托盘，即 1 个存储设备对应 1 个货位，也对应 1 个储存单元，货位编码采用（区域代码+排数+列数+层数）的形式，货位编码与储存托盘编码一一对应，实现整托储存商品的快读查询。托盘编码如表 2-3 所示。

表 2-3　　　　　　　自动化立体仓库货位编码

自动化立体仓库			
A102001	……	A100201	A100101
A092001	……	A090201	A090101
……	……	……	……
A022001	……	A020201	A020101
A012001	……	A010201	A010101

（2）冷冻层水平回转库区货位编码。冷冻层水平回转库货架，区域代码统一采用 R，货架从左至右有 6 个。1 个货位可存储 1 个存货周转箱，即 1 个存货周转箱对应 1 个货位，货位编码采用（区域代码+排数+列数+库位编号）的形式，货位编码与存货周转箱编码一一对应，实现储存商品的快读查询。货位编码如表 2-4 所示。

表 2-4　　　　　　　回转货架货位编码

回转货架			
R060101	……	R063901	R064001
R050101	……	R053901	R054001
……	……	……	……
R020101	……	R023901	R024001
R010101	……	R013901	R014001

3. 冷链物流中心职能配置

人员配置能力主要体现在作业人员岗位分配及岗位职责划分的合理性上，经调研得到表 2-5。

表 2－5　　　　　　　　冷链物流中心人员职责规划

岗位名称	岗位细则
储运主管	（1）全面掌握物流中心各类商品的库存和销售情况，并能制定入库计划； （2）负责安排监督仓库管理员、制单员等的日常工作； （3）及时与相关部分人员核对产品的出入库记录，对商品的进入库及时验收和登记； （4）负责工作安排的有序进行，并定期对部分的工作人员进行工作培训和岗位考核； （5）负责仓库的安全管理工作
制单员	（1）熟练掌握 WMS 系统的操作流程； （2）熟练掌握入库、出库、补货等计划的制订原则； （3）制订合理有效的作业计划
收货员	（1）熟练掌握商品入库车辆验收规范； （2）熟练掌握入库商品验收规范； （3）制订合理有效的验收作业计划
理货员	（1）负责入库商品的整理和码垛工作； （2）核对物资种类、数量、规格、型号等； （3）制订合理有效的理货作业计划
补货员	（1）熟练掌握仓库控制系统（WCS）的操作流程； （2）根据补货计划流程在补货站台进行正确的补货作业； （3）管理补货区域内的卫生，保证作业区域干净整洁
配货员	（1）熟练掌握 WCS 系统的操作流程； （2）根据订单需求，在拣选站台进行正确的拣选作业； （3）管理拣货区域内的卫生，保证作业区域干净整洁
复核打包员	（1）熟练掌握 WCS 系统的操作流程； （2）准确的核对拣选完成的订单商品，确保订单的拣选无误； （3）对核对无误的订单进行正确的打包，包装订单的包装完整，减少订单的破损率； （4）管理打包区域内的卫生，保证作业区域干净整洁
库内管理员	（1）熟练掌握 WCS 系统的操作流程； （2）准确的完成冷链物流中心的库内管理作业，保证库内温湿度符合要求，维护库内商品质量
搬运工	（1）严格按照公司的规章制度和安全操作规程作业，装卸货物； （2）协助驾驶员、仓储管理员、理货员清点货物数量； （3）根据车辆装载量和车厢尺寸等合理码放装车货物； （4）对装卸、搬运的货物进行包装检查； （5）作业前后及时清扫并检查工作现场，及时将货物归库

2.2.2 服务能力

1. 冷链物流中心服务能力定义

冷链物流服务中心时间、品质、温度、湿度和卫生环境方面有特殊要求。冷链物流服务中心一般配有先进的物流管理信息系统，其主要功能是促使商品更快、更经济的流动。集中储存，提高物流调节水平。有机衔接，加快物流速度，缩短流通时间，分类严格温控，降低流通费用。物流中心服务的本质是达到客户满意，服务作为物流的核心功能，其直接使物流与营销相联系，为用户提供物流的时空效用。冷链物流服务中心是以顾客的委托为基础，按照货主的要求，为克服货物在冷链空间和时间上的间隔而进行的物流业务活动。冷链物流服务的内容是满足货主需求，对货物严格按照温度进行调节，保障供给，即在适量性、多批次、广泛性上，安全、准确、迅速、经济地满足货主的要求。它的特点如图2-18所示。

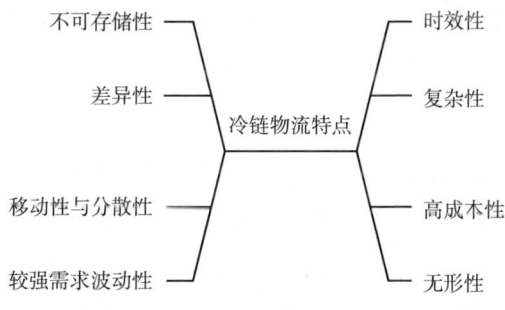

图2-18 冷链物流服务的特点

（1）时效性。由于冷链物流承载的产品一般为易腐或不易储藏，因此要求冷链物流必须迅速完成作业，保证时效性。

（2）复杂性。与常温物流相比，冷链物流涉及制冷技术、保温技术、温湿度检测、信息系统和产品变化机理研究等技术，有的产品甚至涉及法律法规的约束，且每种产品均有其对应的温湿度和储藏时间要求,一旦断链将会造成前面的努力白费,因此大大加强了冷链物流的复杂性。

(3) 高成本性。冷链物流的成本远比常温物流投入要高。首先是设备成本较高,冷链物流中心仓库和冷链车辆的成本一般是常温仓库和车辆的数倍,而且因涉及食品等需要特殊的设施设备,需要大量的资金投入;其次冷链物流运营成本较高,冷库需要不间断的制冷才能保证温度处于恒定状态,造成冷库的电力成本居高不下,冷藏车也需要不间断制冷才能保证产品的温度恒定,就需要更多的制冷费用。冷链物流资本回收期较长,不是一般的企业所能承担。

(4) 无形性。商品是一种具有某种具体特性和用途的物品,是由某种材料制成的,具有一定的重量、体积、颜色、形状和轮廓的实物,而物流服务主要表现在活动形式,不物化在任何耐久的对象或出售的物品之中,不能作为物而离开消费者独立存在,顾客在购买服务之前,无法看见、听见、触摸、嗅闻物流服务。物流服务之后,客户并未获得服务的物质所有权,而只是获得一种消费经历。

(5) 不可储存性。物流服务容易消失,不可储存。物流企业在为客户服务之后,服务就会立即消失。

(6) 差异性。差异性是指物流服务的构成成分及其质量水平经常变化,很难统一界定。物流企业提供的服务不可能完全相同。

(7) 移动性与分散性。物流服务是以分布广泛、大多数时候不固定的客户为对象,所以有移动性和面广、分散的特性,这会使产业局部的供需不平衡,也会给经营管理带来一定的难度。

(8) 较强需求波动性。物流服务是以数量多而又不固定的客户为对象,他们的需求在方式上和数量上是多变的,具有较强的波动性,容易造成供需失衡,成为在经营上劳动效率低、费用高的重要原因。

2. 物流服务中心能力分析

冷链物流中心的功能分析如表2-6所示,从其功能分析中可总结概括出物流服务中心的能力范围与职责。

表 2-6　　　　　　　　物流服务中心功能分析

功能类型	功能	内容
基础功能	运输功能	物流中心需要自己拥有或租赁一定规模的运输工具
	储存功能	储存功能是物流中心的重要功能，冷链物流服务中心储存能力较强：自动化立体货架区共有 1 177 个货位，重型货架区共有 737 个货位，中型货架共有 3 072 个货位，水平回转货架区共有 4 235 个货位
	装卸搬运功能	冷链物流服务中心配备有 11 个叉车，10 个单层手推车，10 个双层手推车，1 个旋转升降机，3 个垂直升降机，大大提高了装卸搬运的效率
	包装功能	冷链物流服务中心配备有 8 个复核打包台，6 个分包台进行货物的包装
	物流信息处理功能	由于物流中心现在已经离不开计算机，因此将在各个物流环节的各种物流作业中产生的物流信息进行实时采集、分析、传递，并向货主提供各种作业明细信息及咨询信息，这对现代物流中心是相当重要的，冷链物流服务中心配备有管理信息系统（MIS）以及 WMS 系统进行拣货与补货
增值功能	需求预测功能	物流中心经常负责根据物流中心商品进货，出货信息来预测未来一段时间内的商品进出库量，进而预测市场对商品的需求

物流服务中心的能力可以分为仓库的静态能力、仓库的动态能力及订单响应能力。对于仓库的静态能力可以分为硬件能力和软件能力；仓库的动态能力可以分为冷链仓库资源利用指标及仓库服务水平指标。

1）静态能力。

仓库静态能力如图 2-19 所示。

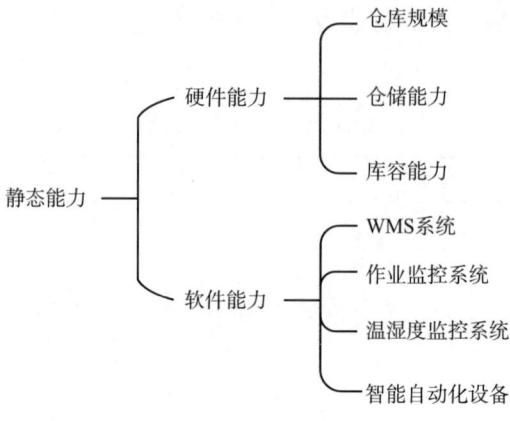

图 2-19 仓库静态能力

（1）硬件能力。

①仓库规模。冷链物流中心库房面积近 2 万平方米，物流中心为双层布局，仓库一层建有装卸平台，东北侧为入库卸车区域，西侧为出库装车区域，一层作业区域主要包括入库区、整货存储区、零货存储区、复核打包区、设备存放区、出库区、异常货物区、办公区等。自动化立体货架区共有 1 177 个货位，重型货架区共有 737 个货位，中型货架共有 3 072 个货位，水平回转货架区共有 4 235 个货位。

②仓储能力。仓储能力是指一定时期内，仓库能存储货物的数量。影响配送中心仓储能力影响配送中心仓储能力，大小的因素包括：仓库一次容量、仓库库容利用率和仓库库存周转率可以通过他们之间的关系确定仓储能力。计算公式如下：

$$Q_{仓} = E \times Kg \times n \quad (2-1)$$

其中：

$Q_{仓}$——仓库的库存能力；

E——仓库的一次容量；

n——营运期间仓库的周转次数。

③库容能力。仓库库容量是衡量一个物流中心服务能力的重要指标，库容量大，可储存的货品数量和货物品项较多，服务水平高。

根据冷链服务中心：自动化立体货架区共有1 177个货位，重型货架区共有737个货位，中型货架共有3 072个货位，水平回转货架区共有4 235个货位。由此可见：冷链物流中心的库容能力较强，货物可存储的空间较大，满足客户订单商品储存的能力较强，服务水平较高。

（2）软件能力。冷链物流中心依托其强大的硬件实力和信息技术力量，实现物流业务的全体系管理。

①仓储管理系统（WMS）。能够为客户提供定制化报表服务、大数据统计功能，为客户提供商品流通参数，为客户的销售布局提供有效的数据佐证。

②作业监控系统。仓储管理系统实现实时联网，管理员可通过仓储管理系统对作业过程的实时情况进行全面监控和管理。

③温湿度监控系统。冷库通过红外测温仪、温湿度感应器等设备监测商品温湿度，并结合大功率制冷机组以最大限度实现在库商品的恒温恒湿状态。同时相关数据实时上传到WMS，以便于仓储人员对商品从入库到出库全流程的温湿度情况进行监控。

④智能自动化设备。自动化立体库、水平回转库、垂直提升机、旋转输送机等设施设备的使用，既提高了空间利用率和物品流通效率，又降低了库房管理人员的工作强度，同时使库存管理实现自动化、信息化。

2）动态能力。

仓库的动态能力如图2–20所示。

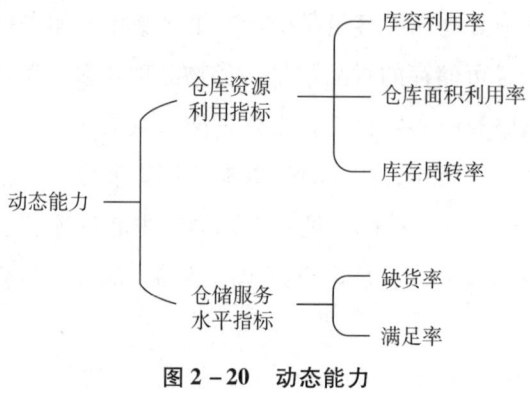

图 2-20 动态能力

（1）仓库资源利用指标。

①库容利用率。仓库容积利用率是仓库有效容积中实际使用的容积所占的比率。库容利用率是反映仓库面积和容积的利用情况，以及检查仓容定额的执行情况的指标。计算公式如下：

$$库容利用率 = \frac{库存商品实际数量或者容积}{仓库应存数量或者容积} \quad (2-2)$$

根据冷链服务中心：自动化立体货架区共有 1 177 个货位，重型货架区共有 737 个货位，中型货架共有 3 072 个货位，水平回转货架区共有 4 235 个货位，自动化立体仓库和重型货架均为托盘货架，每个托盘假设可堆垛 9 箱货物，计算如下：

$$1\ 177 \times 9 + 737 \times 9 = 17\ 226（箱）$$

中型货架和水平回转货架区每个货位假设可以存储一箱库存商品：

$$3\ 072 + 4\ 235 = 7\ 307（箱）$$

由上述计算结果可知：

$$17\ 226 + 7\ 307 = 24\ 533（箱）$$

所以该冷链物流服务中心的库容利用率为：

$$库容利用率 = 8\ 554/24\ 533 \times 100\% = 34.87\%$$

②仓库面积利用率。公式如下：

第2章 新零售背景下的冷链物流概述

$$仓库利用率 = \frac{利用面积}{建筑面积} \quad (2-3)$$

根据冷链物流服务中心的仿真系统中的管理信息系统数据可知：一层冷冻区的建筑面积为 50 505 平方米，二层冷藏区的建筑面积为 36 335 平方米；一层冷冻区的利用面积为 50 400 平方米，二层冷藏区的利用面积为 36 200 平方米，由上述数据计算可得：

冷冻区面积利用率 = 99.79%，冷藏区面积利用率 = 99.63%。

由上述数据可知：冷冻库区和冷藏库区的仓库面积利用率可达 99% 之上，可以得出仓库面积的利用率高，盈余面积的管理成本较低，服务能力较强。

③库存周转率。库存周转是仓库存货管理的一个绩效衡量指标，物流周转越快，库存周转率越高，仓库的仓储能力就越强，对应的服务能力也就越强。

$$库存周转率 = \frac{360}{库存周转天数} \quad (2-4)$$

$$库存周转一次所需天数 = \frac{(月期初库存 + 月期末库存)/2}{月销售量/30}$$

$$(2-5)$$

由于系统中没有具体的该方面数据，所以本书中这一指标仅作为一个分析思路。

（2）仓储服务水平指标。

①缺货率。仓储缺货率反映了物流仓储因货物采购存储不足或管理不善，导致对客户需求的影响程度的信息。缺货率是衡量仓储服务水平的一个反向指标，缺货率数据越大，说明服务水平越差。

$$缺货率 = \frac{缺货量}{用户需求数量} \times 100\% \quad (2-6)$$

②满足率。订单库存满足率指当顾客发出某个订单需求时，库存系统中有该订单中的所有产品，能够立刻满足顾客需求的百分率。满足率越低，那么缺货的概率就越大（但不代表一定会缺货）。库存满

足率的计算在数学上用概率表示,即当前库存量能够满足所有订单发货的概率。

3) 订单响应能力。

冷链物流中心日均有效订单量为 6 000 单左右,其中 80% 的订单的品项数在 2~6 种。冷链物流中心为提高服务质量,冷链物流仓储系统需达到以下目标:

(1) 总库存可得性:A 类商品 99%,B 类商品 95%,C 类商品 90%。

(2) 拣选区库存可得性:均为 99%。

(3) 电商零售城市配送订单缺货不能超过订货数量的 90%,如果缺货可以后补,延期交货最多不超过 2 天。

(4) 商超专配订单缺货不能超过订货数量的 90%,如果缺货可与商家协商,若商家接受后补,延期交货最多不超过 2 天;若商家不接收后补,则取消该商品的配送。

2.2.3 运作流程

1. 入库作业流程

新零售冷链物流运营中心入库作业流程如图 2-21 所示。

(1) 制单员。准备入库中,由制单员进入办公室,打开 WMS 管理系统,开启入库管理,依据仓库商品现有库存和安全库存数提交采购申请,发送入库预备后,进行入库审核。当通过审核申请后,制单员即可开始安排入库计划,通过自动入库计划或者手动入库计划,自行合理选择站台和库位。未通过审核的申请将被驳回,需要修改或制作新的采购申请,并再次提交。完成入库复核后,订单货物根据入库计划到达相应的站台,准备卸货作业。

(2) 理货员。准备开展入库作业中,由理货员登入入库检验系统。与货车司机交谈后,签收配送单。

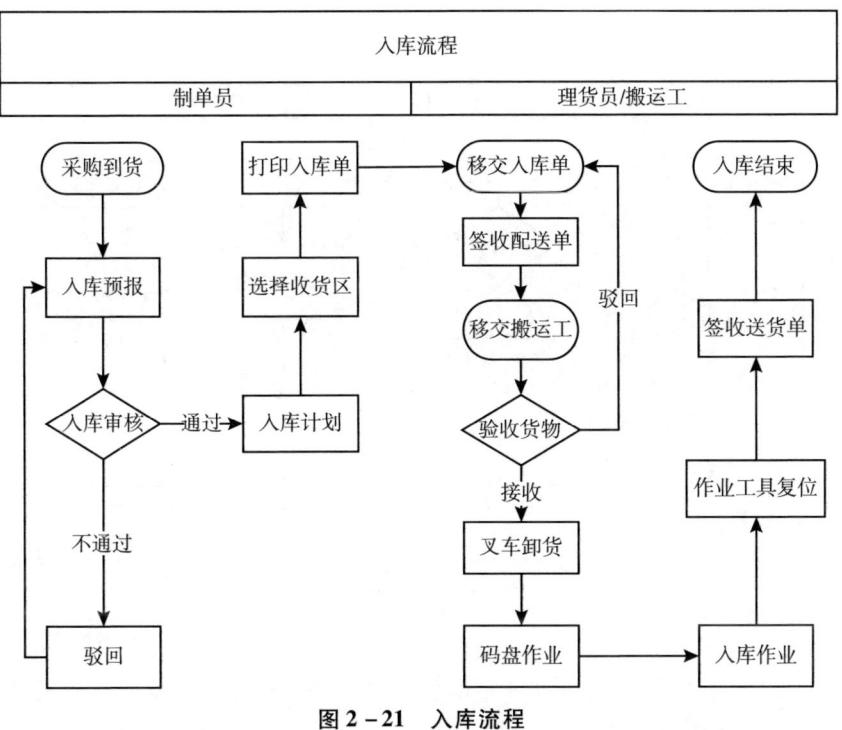

图 2-21 入库流程

(3)搬运工。由搬运工对照配送单验收货物,打开 WMS 管理系统,检验货物条码及温度合格后,操作叉车卸货,在入库站台完成码盘作业,再次操作手动叉车将托盘货物运至入库理货区的相应位置,将托盘货物运至高位货架的指定位置,此时操控并确认入库作业完成。操作手动叉车将木托盘放回送货车内,并将已签收的送货单递交给货车司机,最后将手动叉车归位,完成入库作业。

2. 补货作业流程

新零售冷链物流运营中心补货作业流程如图 2-22 所示[46]-[48]。

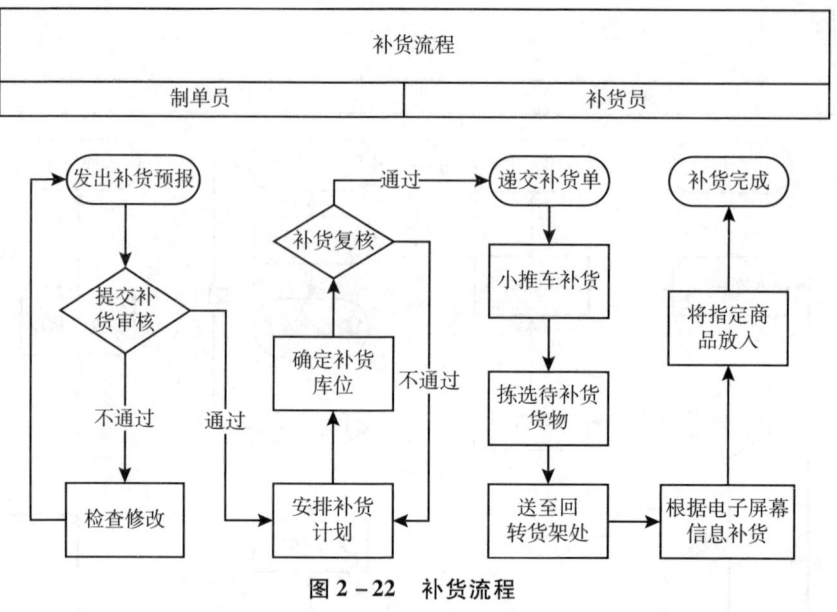

图 2-22 补货流程

（1）制单员。通过办公室电脑，进入 WMS 管理系统，点击补货管理，根据补货预报制定补货单并发送补货审核。通过审核的补货单设置补货计划，可选择一键补货，也可进行手动补货，自行合理选择源货位、目标货位和补货站台。未通过的补货单需重新修改或重制补货单后，并再次提交审核。补货计划结束后，进行补货复核，通过复核后进行补货作业，未通过复核的补货单修改补货计划或重新计划。

（2）补货员。拿到补货单后，操控小推车，从自动化立体仓库出库口手动补货商品，运送到达水平回转货架处，补货员根据电子屏幕上的缺货信息，进行补货作业，操控电脑登录补货系统，用扫描枪扫描托盘条码及货物条码，将托盘上的商品放入水平回转货架指定货格，重复上述流程直至完成所有补货任务，退出补货系统，完成补货作业。

3. 出库作业流程

新零售冷链物流运营中心出库作业流程如图 2-23 所示。

第 2 章 新零售背景下的冷链物流概述

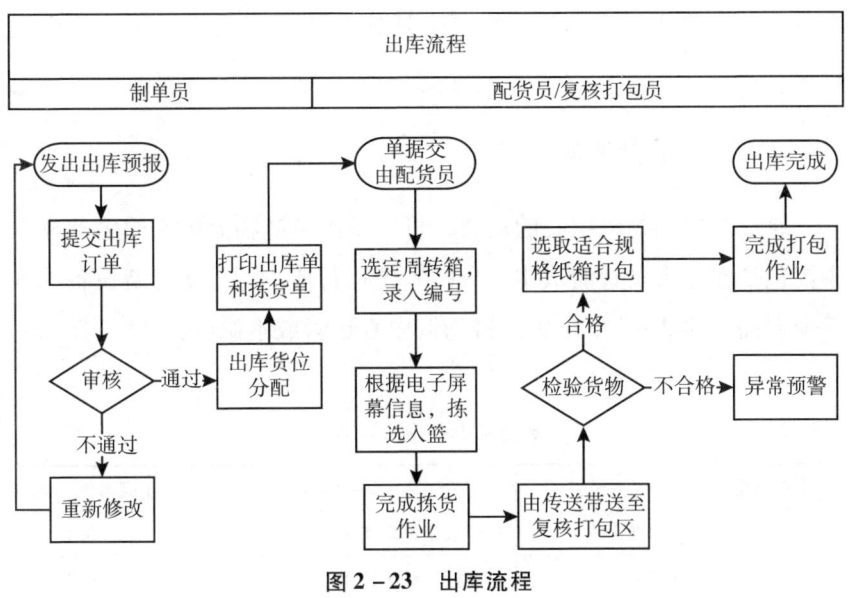

图 2-23 出库流程

（1）制单员。进入 WMS 管理系统，点击出库管理，依次提交出库订单，通过审核的订单进入出库计划，未通过的订单需修改或重新分配。提交出库计划进行作业月台分配或自动分配空闲月台，并打印出库单和拣货单交由配货员。

（2）配货员。到达水平回转货架的拣货站台后，根据电子屏幕信息提供的拣货信息要求，依据屏幕显示的库位和数量信息拿取相应数量的商品，扫描后放入周转箱，重复上述流程直至完成所有拣货配货作业，并将周转箱放置传送带上，送至复核打包区进行打包作业。

（3）复核打包员。扫描传送带送至的周转箱，将周转箱放在打包台上，根据打包规则选择合适的打包箱，用扫描枪扫描打包箱条码，从周转箱拿取相应数量的商品，扫描后放入打包箱，所有商品放入打包箱后，打印清单和运单，将扫描后的清单放入打包箱，打包包装箱，再将扫描后的运单粘贴到打包箱上，将打包箱放到传送带上，周转箱放回播种货架。重复上述流程直至完成打包作业。

（4）搬运工。到达出库月台，将各区域传送带上打包好的货物，由各个月台放入对应车辆，重复上述作业流程直至完成所有的出库作业。

2.2.4 运营成本

通过对冷链物流中心的调研，可以得出冷链物流中心的运营成本主要包括作业人员计时成本、分拣系统运行成本、按次计费设备成本三个方面，表2-7所示为冷链物流中心运营成本调研。

表2-7　　　　　　　冷链物流中心运营成本调研

成本类型	成本科目	科目名称	成本价（元）
按次计费设备成本	打印纸张	打印纸张单次费用	0.1
	打印标签	打印标签单次费用	0.2
	打包纸箱Z1	打包纸箱Z1使用单次费用	0.1
	打包纸箱Z2	打包纸箱Z2使用单次费用	0.2
	打包纸箱Z3	打包纸箱Z3使用单次费用	0.3
	打包纸箱Z4	打包纸箱Z4使用单次费用	0.4
	打包纸箱Z5	打包纸箱Z5使用单次费用	0.5
	托盘	托盘使用单次费用	1
	周转箱	周转箱使用单次费用	1
	叉车	叉车单位时间费用	1
	单层手推车	单层手推车单位时间费用	0.5
	双层手推车	双层手推车单位时间费用	0.5
分拣系统运行成本	拣货台	拣货台单位时间费用	1
	打包台	打包台单位时间费用	1
	分包台	分包台单位时间费用	1
	动力输送线	动力输送线单位时间费用	1
	自动立体库	自动立体库单位时间费用	2
	水平回转库	水平回转库单位时间费用	5

续表

成本类型	成本科目	科目名称	成本价（元）
作业人员计时成本	储运主管	存储主管单位时间费用	0.3
	管理员	管理员单位时间费用	0.3
	制单员	制单员单位时间费用	0.3
	理货员	理货员单位时间费用	0.3
	补货员	补货员单位时间费用	0.3
	配货员	配货员单位时间费用	0.3
	复核打包员	复核打包员单位时间费用	0.3
	盘点员	盘点员单位时间费用	0.3
	搬运工	搬运工单位时间费用	0.3

1. 人员费用

人员费用，即作业人员计时成本。对于物流中心的所有工作人员，包括储运主管、管理员、制单员、理货员、补货员、配货员、复核打包员、盘点员和搬运工等，在单位时间内作业都需要支付一定的成本费用。

2. 分拣系统运行成本

分拣系统运行成本，指用于分拣作业所产生的一切有关费用。分拣作业时包括拣货台、打包台、分包台、动力输送线、自动立体库和水平回转库等作业。

3. 按次计费设备成本

按次计费设备成本，包括购买或租用的一切用于仓储、运输、包装、装卸搬运和配送等方面的设施设备费用，如托盘、搬运工具等。还包括打印纸张、打印标签、打包纸箱等的成本。

第 3 章

冷链物流中心运营数据采集与分析

冷链物流中心可为大型超市、便利店和电商客户提供物流服务，其中生鲜冷链城市配送包括2C端和2B端，电商零售城市配送可以实现客户订单"预约达、当日达"服务，商超专配客户提供"次日达"服务。冷链物流中心作业主要包括入库、补货、盘点、出库等，作业任务烦琐且任务量大。为保证作业任务及时有效地完成，冷链物流中心全天24小时不间断运营。结合新零售模式下消费者对生鲜冷链食品的最新需求，进行冷链物流运营的数据采集与分析，即从2C端与2B端两个方面对订单配送服务进行优化，合理划分出库作业时窗。

3.1　2C端电商零售城市配送时窗设计

3.1.1　仓储作业时段

1. 数据统计

根据附录1、附录2[①]中电商零售数据一周的历史有效订单，对

---

① 本部分场景及数据由百蝶ITP一体化教学虚拟冷链物流仿真系统及新零售永辉、盒马鲜生等冷链行业关联企业加工整理得出。

相关订单数据进行了整理和分析，如表3-1所示。

表3-1　　　　　电商客户的订单分析　　　　　单位：个

订单时段	2020/09/07	2020/09/08	2020/09/09	2020/09/10	2020/09/11	2020/09/12	2020/09/13	总计
6：00~6：59	0	0	4	5	6	0	0	15
7：00~7：59	0	7	19	6	4	9	10	55
8：00~8：59	5	13	10	6	12	16	18	80
9：00~9：59	3	12	21	12	4	13	10	75
10：00~10：59	37	15	14	10	6	16	10	108
11：00~11：59	34	12	12	12	3	11	8	92
12：00~12：59	151	127	84	51	48	9	9	479
13：00~13：59	12	23	18	12	10	4	8	87
14：00~14：59	12	18	17	9	7	3	16	82
15：00~15：59	16	7	9	12	6	10	10	70
16：00~16：59	21	30	10	10	11	8	6	96
17：00~17：59	21	16	10	9	6	16	4	82
18：00~18：59	14	12	8	11	6	8	7	66
19：00~19：59	12	27	11	12	5	10	8	85
20：00~20：59	15	12	14	12	9	3	8	73
21：00~21：59	8	12	9	12	6	5	8	60
22：00~22：59	19	18	5	12	6	9	9	78
23：00~23：59	7	26	12	12	10	7	4	78
总计	387	387	287	225	165	157	153	1 761

2. 订单分析

由于该系统中历史有效订单数据较为复杂，首先对历史有效性订单按照客户类别进行分类处理，在对根据一周的订单数据进行不同时段的划分，确定每个时段的订单商品数量。考虑不同时段的订单量，采用动态时窗的思想，利用Excel表格对一周内各时段的订单数量进行合理划分。根据订单商品的数量缩短或者延长时窗，在订单平稳期节省人力和物力，在订单高峰期集中人力和物力，缩短时窗，以提高作业效率，具体划分情况如图3-1所示。

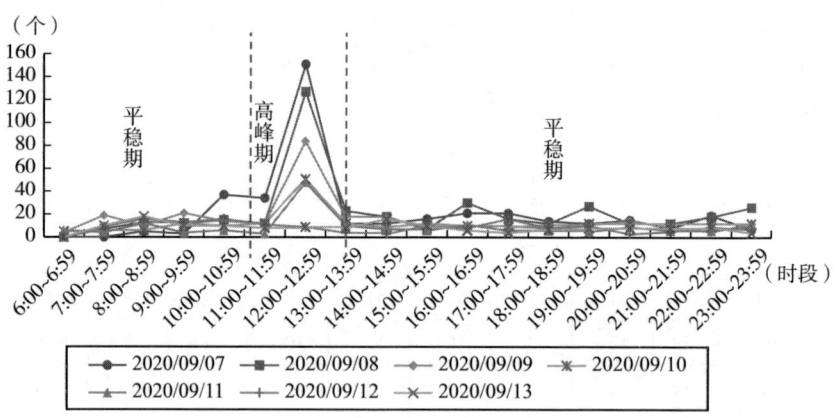

图3-1 电商零售城市配送各时段订单数量变化趋势

3. 作业时段分析

（1）分批作业。时窗分批策略是为了在订单运输和配送之前将大批量订单进行及时处理。由图3-1可知，11:00~14:00为订单高峰期，所以应缩短时窗，在13:00~14:00进行1个小时的紧急时窗分析；其余时间订单数量较少，可进行总合计分批。

（2）拣货作业。出库包裹采用集中发货方式，发货时间为8:00和16:00；拣货作业必须在出库作业之前完成，6:00~8:00和14:00~16:00进行拣货和出库作业。

（3）出库作业。该仓库要求发货时间为8:00和16:00，所以必须在这一发货时间之前完成出库，安排出库时间为7:00~8:00和15:00~16:00。

（4）补货作业。对ABC（activity based classification，简称ABC

分类）三类商品进行不同时段的补货。在作业中，A 类商品需求量大，周转率高并且缺货成本较高，所以应安排在出库之前和订单高峰期之后，安排 A 类商品的补货时段为 5：00～6：00 和 12：00～13：00，错开拣货以及出库作业时间。B 类、C 类商品可以进行批次补货，集中安排在 18：00～22：00（这一时段订单数量较少，有较多的人力和物力，并且可以避免出库作业和订单处理高峰期）。

（5）盘点作业。盘点作业在补货作业之后，B 类、C 类商品的周转率较低，所以 B 类可以每隔两周进行盘点，C 类商品月末盘点；A 类商品周转率较高，所以安排在补货时段之后进行盘点，即 14：00～15：00 进行盘点作业。

（6）入库作业。由图 3-1 可知，8：00～12：00 订单数量少，且避开了出库和订单作业的高峰期，所以可以在这一时段进行入库作业。

根据上述分析，可以得出仓储作业时间，如表 3-2 所示。作业时段如图 3-2 所示。

表 3-2　　　　　　　　　作业时段分析

作业类型	作业时段
入库作业	8：00～12：00
盘点作业	A 类商品：14：00～15：00
	B 类商品：两周检查一次
	C 类商品：月底检查一次
补货作业	A 类：5：00～6：00，12：00～13：00
	B 类、C 类：18：00～22：00
出库作业	5：00～6：00；7：00～8：00；9：00～10：00；11：00～12：00；13：00～14：00

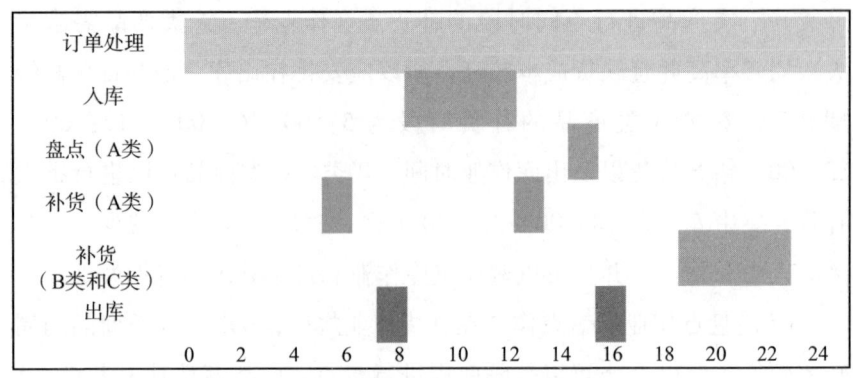

图 3-2 作业时段

3.1.2 零售订单处理约束条件与分析

1. 订单处理时间约束条件

（1）零售消费者的订单传输并确认时间不超过 0.5 小时；

（2）出库商品以集中发货方式进行，发货时间统一为上午 8：00 与下午 16：00；

（3）订单在途输送时间不超过 1.5 小时；

（4）订单商品的派件时间不超过 1.5 小时，且配送时间必须为 8：00~20：00；

（5）电商订单下单时间为 00：00~13：00，并要求立即送达的订单将在当日工作时间送达；顾客订单下单时间为 13：00~00：00（T+1），订单将在次日（T+1）12：00 前送达。

具体如表 3-3 所示。

表 3-3　　　　　　　　订单处理时间要求

项目	时长
订单确认时间	0.5 小时
订单在途输送时间	1.5 小时

第3章 冷链物流中心运营数据采集与分析

续表

项目	时长
订单派件时间	1.5小时
订单配送时间	8：00~20：00

2. 订单时段划分

由电商零售城市配送的历史有效订单分析可知：订单高峰期为 11：00~14：00，0：00~11：00 为第一时段，其余时间以 2~3 小时为一时段，如表 3-4 所示。

表 3-4　　　　　　　　　订单时段划分

时段顺序	时段划分
第一时段	00：00~11：00
第二时段	11：00~13：00
第三时段	13：00~16：00
第四时段	16：00~19：00
第五时段	19：00~22：00
第六时段	22：00~00：00

3. 订单作业安排

订单划分时段之后，对每个时段的订单进行相关的作业安排，以保证在客户规定的时间内准时配送，因为订单确认时间不超过0.5个小时，所以每30分钟就要审核订单。订单运输时间和订单派送时间共计3小时，所以从配送至到达客户手中预计3个小时的时间间隔，电商订单下单时间为00：00~13：00，并要求立即送达的订单将在当日工作时间送达；顾客订单下单时间为13：00~00：00（T+1），订单将在次日（T+1）12：00前送达，所以要保证0：00~13：00下单的顾客能在当日收到货品。具体安排如表 3-5 所示。

表 3-5 订单作业安排

时间段	订单确认时间	订单分拣时间	出库装车时间	发货时间	预计配送时间	收货期限时间	是否满足
00:00~11:00	每隔30分钟进行一次审核订单，进行接收	当日 00:00~11:00	当日 11:00~12:00	当日 16:00	当日 16:00~17:00	当日 19:00~20:00	是
11:00~13:00		当日 11:00~12:00	当日 13:00~14:00		当日 16:00~17:00	当日 19:00~20:00	是
13:00~16:00		当日 12:00~13:00	当日 17:00~18:00				是
16:00~19:00		当日 16:00~17:00	次日 3:00~4:00	次日 8:00	次日 8:00~9:00	次日 11:00~12:00	是
19:00~22:00		当日 22:00~23:00	次日 5:00~6:00				是
22:00~0:00		次日 0:00~1:00					是

3.1.3 出库时窗分析

根据上面订单作业时段的划分,能够保证各作业顺利进行,且不会发生缺货现象,出库作业可以不受其他作业的影响。因此,从出库作业流程以及相关运营数据和订单配送时效性对作业的约束进行考虑。电商物流中心是 24 小时不间断运营,客户下单后制单员可在 0.5 小时之内确认订单。出库作业时窗的划分要保证下单时间为 00:00 ~ 13:00,并要求立即送达的订单将在当日工作时间送达;顾客订单下单时间为 13:00 ~ 00:00(T+1),订单将在次日(T+1)12:00 前送达。具体出库作业时窗划分如表 3-6 所示。

表 3-6　　　　　　　　出库时窗划分

订单分段	出库作业时窗
00:00 ~ 11:00	当日 11:00 ~ 12:00
11:00 ~ 13:00	当日 13:00 ~ 14:00
13:00 ~ 16:00	当日 17:00 ~ 18:00
16:00 ~ 19:00	次日 3:00 ~ 4:00
19:00 ~ 22:00	
22:00 ~ 00:00	次日 5:00 ~ 6:00

3.2　2B 端商超专配时窗设计

3.2.1　仓储作业时段

1. 数据统计

根据附录 3 中一周的历史有效订单,对相关订单数据进行了整理和分析,如表 3-7 所示。

表3-7　　　　　商超专配每日各时段的订单数量　　　　　单位：个

订单时段	2020/09/07	2020/09/08	2020/09/09	2020/09/10	2020/09/11	2020/09/12	2020/09/13	总计
7：00~7：59	13	9	0	17	20	14	10	83
8：00~8：59	22	9	15	0	4	4	20	80
9：00~9：59	10	0	0	0	9	5	18	42
10：00~10：59	10	9	12	12	20	17	12	92
11：00~11：59	9	9	0	5	0	12	6	41
12：00~12：59	0	7	10	11	7	6	5	46
13：00~13：59	0	0	11	0	6	0	8	25
14：00~14：59	12	0	5	8	0	8	10	43
15：00~15：59	0	14	8	7	8	4	0	41
16：00~16：59	4	5	6	0	8	6	0	29
17：00~17：59	5	7	0	6	8	9	0	35
18：00~18：59	0	0	10	0	9	8	0	27
19：00~19：59	0	0	0	10	0	0	0	18
20：00~20：59	9	5	4	10	0	8	0	36
总计	94	82	86	87	99	101	89	638

2. 订单分析

由于该系统中历史有效订单数据较为复杂，首先对历史有效性订单按照客户类别进行分类处理，其次对根据一周的订单数据进行不同时段的划分，确定每个时段的订单商品数量。考虑不同时段的订单量，采用动态时窗的思想，利用Excel表格对一周内各时段的订单数量进行合理划分。根据订单商品的数量缩短或者延长时窗，在订单平稳期节省人力和物力，在订单高峰期集中人力和物力、缩短时窗，以提高作业效率，具体划分情况如图3-3所示。

第3章 冷链物流中心运营数据采集与分析

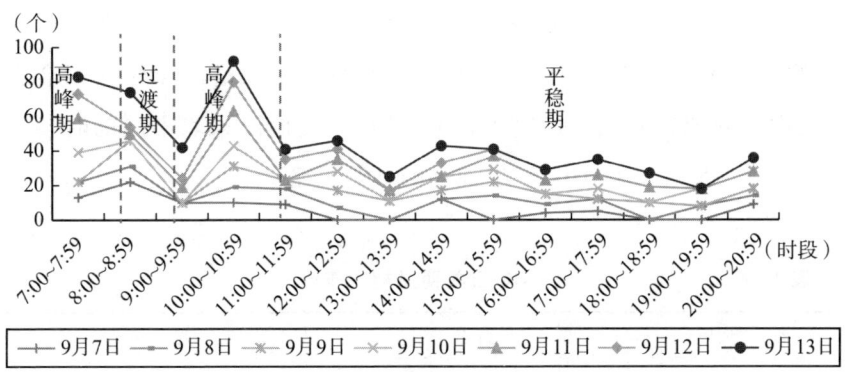

图3-3 商超专配各时段订单数量变化趋势

3. 仓储作业时段分析

（1）分批作业。时窗分批策略是为了在订单运输和配送之前将大批量订单进行及时处理。由表3-1可看出：7：00~9：00和9：00~12：00下单量较大，所以可以在8：00~9：00和12：00~13：00进行为期各一个小时的时窗分批作业，确保订单对应高峰期订单可以在运输时间之前完成。13：00~21：00的订单量相对较为平稳，在这一时期可以进行总合计分批。

（2）出库作业。商家要求收货时间为早上7：00~10：00。订单运输时间不超过2小时，所以仓库的出库配送时间应在5：00~8：00每隔一个小时进行出库作业，在订单高峰，7：00~14：00每隔一个小时进行一次出库作业。

（3）拣货作业。考虑到货物的出库时间，应该预留2个小时的拣选时间，所以将拣货时间设置为3：00~5：00（完成前一日的剩余订单拣选）。在订单高峰期每隔1小时进行一次订单拣选；在订单平稳期每隔2小时进行一次订单拣选。

（4）入库作业。由图3-1可知，14：00~18：00时段内，订单数量较少，有较为充足的人力和物力，可以在该时段进行入库作业。

（5）补货作业。考虑到补货作业的时滞性影响以及出库作业的高峰时段，应将补货作业安排到出库作业之前，这样既可以保证有盈余的人力和物力，又可以错开出库的高峰期，保证出库作业不会有"缺货"的现象发生，同时可以对ABC三类商品采取不同的时段补货，表3-8所示为ABC三类商品的补货策略。

表3-8　　　　　　　　ABC三类商品补货作业

商品类别	特点	补货策略
A类	出库量大，周转率高，缺货成本高	定时补货
B类	出库量较少，周转率较低	批次补货
C类		

因此，在作业中，A类商品需求量大，周转率高并且缺货成本较高，所以应安排在出库之前和订单高峰期之后，安排A类商品的补货时段为0：00~3：00和11：00~12：00，错开拣货以及出库作业时间。B类、C类商品可以进行批次补货，集中安排在18：00~20：00。

（6）盘点作业。盘点作业会耗费较多的人力和物力，所以不适合对每种商品都进行经常性的盘点。盘点作业在补货作业之后，B类、C类商品的周转率较低，所以B类商品可以每隔2周进行盘点，C类商品每月底盘点一次；A类商品周转率较高，所以安排在补货时段之后进行盘点，即13：00~14：00进行盘点作业。

根据上述分析，可以得出仓储作业时段，如表3-9所示。仓储作业时段如图3-4所示。

表3-9　　　　　　　　仓储作业时间段

作业类型	作业时段
入库作业	14：00~18：00

续表

作业类型	作业时段
盘点作业	A类商品：13：00～14：00
	B类商品：两周检查一次
	C类商品：月底检查一次
补货作业	0：00～3：00
出库作业	5：00～6：00；7：00～8：00； 9：00～10：00；11：00～12：00；13：00～14：00

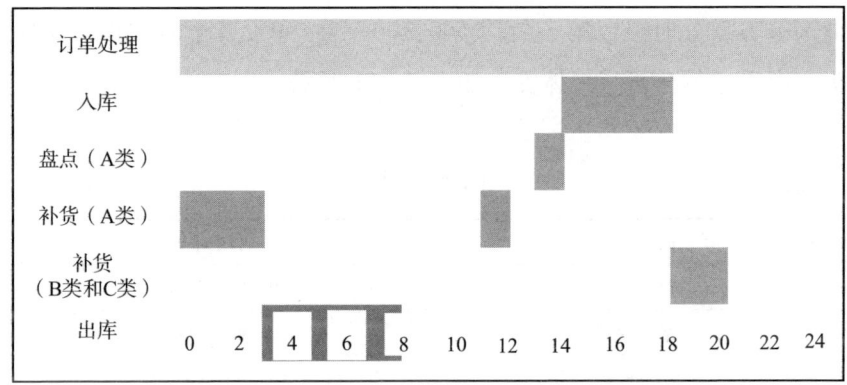

图3-4　仓储作业时间段

3.2.2　企业客户订单处理约束条件与分析

1. 订单处理时间约束条件

（1）企业客户的订单在途输送并确认时间不超过0.5小时。

（2）企业客户订单下单时间为00：00～18：00，订单将在次日（T+1）送达；企业客户订单下单时间为18：00～00：00（T+1），订单将隔天（T+2）送达。

（3）订单运输时间不超过2小时。

（4）企业客户要求收货时间为早上7：00～10：00。

具体如表3-10所示。

表 3-10　　　　　　　　　　订单处理时间要求

项目	时长
订单确认时间	0.5 小时
订单在途输送时间	2 小时
订单配送时间	与出库装车时间相差 2 小时
订单到达客户时间	7：00~10：00

2. 订单处理时间要求

将订单划分为几个时段，因为订单高峰期从 7：00 开始，所以以此为分界划分时段：第一时段为 0：00~7：00，其余时间以 3 小时为一时段进行分析，具体安排如表 3-11 所示。

表 3-11　　　　　　　　　　订单时段划分

时段顺序	时段划分
第一时段	0：00~7：00
第二时段	7：00~10：00
第三时段	10：00~13：00
第四时段	13：00~16：00
第五时段	16：00~18：00
第六时段	18：00~21：00
第七时段	21：00~0：00

3. 订单作业安排

订单划分时段之后，对每个时段的订单进行相关的作业安排，以保证在客户规定的时间内准时配送，因为订单确认时间不超过 0.5 个小时，所以每 30 分钟就要审核订单，具体安排如表 3-12 所示。

第3章 冷链物流中心运营数据采集与分析

表3-12 订单作业安排

时间段	订单确认时间	订单分拣时间	出库装车时间	预计配送时间	收货期限时间	是否满足
00:00~7:00	每隔30分钟进行一次审核订单，进行接收	当日00:00~7:00	当日7:00~8:00	当日9:00~12:00	次日7:00~10:00	是
7:00~10:00		当日7:00~9:00	当日11:00~12:00	当日13:00~14:00	次日7:00~10:00	是
		当日9:00~11:00				
10:00~13:00		当日10:00~12:00	当日13:00~14:00	当日15:00~16:00	次日7:00~10:00	是
		当日12:00~13:00				
13:00~16:00		当日13:00~18:00	次日5:00~6:00	次日7:00~8:00	次日7:00~10:00	是
16:00~18:00						
18:00~21:00		当日20:00~21:00	次日7:00~8:00	次日9:00~10:00	T+2日7:00~10:00	是
21:00~0:00		当日23:00~0:00	次日11:00~12:00	次日13:00~14:00	T+2日7:00~10:00	是

· 67 ·

3.2.3 出库时窗分析

根据上面订单作业时段的划分,能够保证各作业顺利进行,且不会发生缺货现象,出库作业可以不受其他作业的影响。因此,从出库作业流程以及相关运营数据和订单配送时效性对作业的约束进行考虑。电商物流中心是 24 小时不间断运营,客户下单后制单员可在 0.5 小时之内确认订单。因为出库订单采用集中发货的方式,只要确保装车的时间能够使订单在客户要求收货时间送达即可。订单下单时间为 00:00~18:00,订单将在次日(T+1)送达;商超订单下单时间为 18:00~00:00(T+1),订单将隔天(T+2)送达;这样进行出库作业时窗划分使得两个时间端点的订单也满足 24 小时送达的服务保证,具体安排如表 3-13 所示。

表 3-13　　　　　　　　出库时窗划分

订单分段	出库作业时窗
0:00~7:00	7:00~8:00
7:00~10:00	11:00~12:00
10:00~13:00	13:00~14:00
13:00~16:00	次日 5:00~6:00
16:00~18:00	次日 5:00~6:00
18:00~21:00	次日 7:00~8:00
21:00~0:00	次日 11:00~12:00

3.3　EIQ 分析

为了对冷链物流中心的运营数据进行采集与分析,从冷链物流中心导出了近 7 天(2020 年 9 月 7 日~2020 年 9 月 20 日)的订单数据和具体商品的信息数据。EIQ 方法从订单量、订单品项、品项数量和品项受订次数这五个方面对冷链物流服务中心的运营数据进行分析，研究冷链物流中心的需求特性，为拣选作业、储位规划等方面提供合理的划分依据[49]-[51]。

3.3.1 EIQ 分析方法的定义

EIQ 规划法即是从客户订单（order entry）、品项（item）、数量（quantity）数据出发，进行出货特性的分析，其观念在于首先针对物流中心的目的，掌握物流特性，从物流特性所衍生出的物流状态，诸如从物流中心设备到客户为止的流程等的流动特性，探讨清楚运作方式，并规划出适合该物流系统的一套系统方法。具体的指标分析如下：

（1）订单订购量（EQ）分析。主要了解单张订单订购量的分布情形，可用于决定订单处理的原则、拣货系统的规划，并将影响出货方式及出货区的规划。

（2）品项数量（IQ）分析。主要了解各类货品出货量的分布状况，分析货品的重要程度与运量规模。可用于仓储系统的规划选用、储位空间的估算，并将影响拣货方式及拣货区的规划。

（3）订单品项数（EN）分析。主要了解订单别订购品项数的分布，对于订单处理的原则及拣货系统的规划有很大的影响，并将影响出货方式及出货区的规划。通常须配合总出货品项数、订单出货品项累计数及总品项数三项数据综合考虑。

（4）品项受订次数（IK）分析。主要分析各类货品出货次数的分布，对于了解货品别的出货频率有很大的帮助，可配合 IQ 分析决定仓储与拣货系统的选择。

3.3.2 运营数据的 EIQ 分析

冷链物流服务中心的客户分为电商零售城市配送和商超专配,以电商客户为例,对进行该类客户的运营数据进行 EIQ 分析。

1. 品项出货量分析(IQ 分析)

在最近 7 天的历史订单中,电商客户订购的绿叶类产品的出货量为 1 722 件,所占比例为 32.55%;冷盘小食类产品出库量为 1 066 件,所占比例为 20.14%;寿司鱼生类出库数量为 1 066 件,所占比重为 20.14%,其余各类商品所占比重如表 3-14 所示,IQ 分布如图 3-5 所示。

表 3-14　　　　　　　　　订单 IQ 分析

商品类型	产品出库量(件)	累计出库量占比(%)
绿叶类	1 722	32.55
冷盘小食类	1 066	52.69
寿司鱼生类	1 066	72.84
牛羊肉类	643	84.99
根菜类	204	88.85
冰棒雪糕类	176	92.18
速冻食品类	167	95.33
海鲜水产类	137	97.92
茄果类	80	99.43
瓜类	30	100.00
总计	5 291	100.00

第 3 章　冷链物流中心运营数据采集与分析

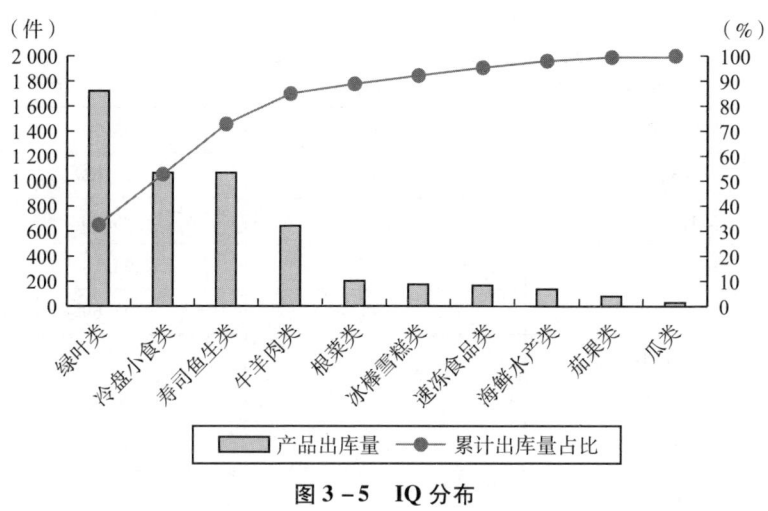

图 3-5　IQ 分布

2. 品项次数订购分析（IK 分析）

IK 分析主要分析各类货品出货次数的分布，对于了解货品别的出货频率有很大的帮助，主要功能可配合 IQ 分析决定仓储与拣货系统的选择。通过分析冷链物流中心最近 7 天的历史订单信息，分析得出了不同商品类型的出货次数以及所占比例，得出的 IK 分析如表 3-5 所示：寿司鱼生类出货次数为 206 次，出货次数所占比例为 25.09%；冷盘小食类出货次数为 195 次，出货次数所占比例 23.75%；牛羊肉类出货次数为 163 次，出货次数所占比例为 19.86%。可以根据 IK 分析的结果，结合 ABC 分类法的特点，对冷链物流服务中心的电商客户类商品进行 ABC 划分，从而进行合理科学的库区储位安排。IK 分析如表 3-15 所示，IK 分布如图 3-6 所示。

表 3-15　　　　　　　　　订单 IK 分析

商品类型	出货次数（次）	累计出货次数占比（%）
寿司鱼生类	206	25.09
冷盘小食类	195	48.84

续表

商品类型	出货次数（次）	累计出货次数占比（%）
牛羊肉类	163	68.70
绿叶类	85	79.05
冰棒雪糕类	62	86.60
速冻食品类	54	93.18
海鲜水产类	37	97.69
根菜类	12	99.15
茄果类	4	99.63
瓜类	3	100.00
总计	821	100.00

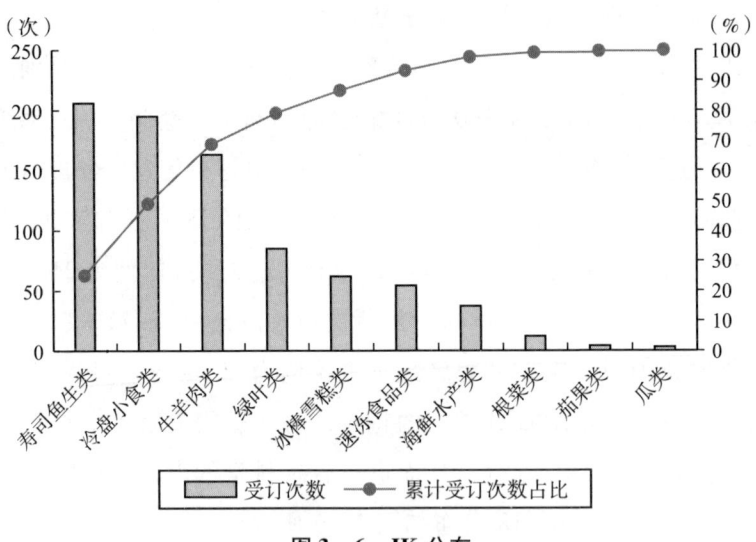

图3-6 IK分布

3. 订货品项数分析（EN分析）

EN分析即每张订单的品项数量分析，由于冷链物流中心的历史订单数据较多，所以对订单订货种类划分区段进行分析。订单种类为1的订单数量为104个，所占比率为29.55%；订单订货种类为2的订单数量为86个，所占比例为24.43%；订单订货种类为3的订单数量为114个，所占比例为32.39%；订单订货种类为4的订单数量为37个，所占比例为10.51%；订单订货种类为5的订单数量为11个，所占比例为3.12%。综上可知：订单订货种类为3的订单所占比重最大。EN分析如表3-16所示，EN分布如图3-7所示。

表3-16　　　　　　　　订单EN分析

每个订单订货种类	订单数量（个）	所占比率（%）
1	104	29.55
2	86	24.43
3	114	32.39
4	37	10.51
5	11	3.12

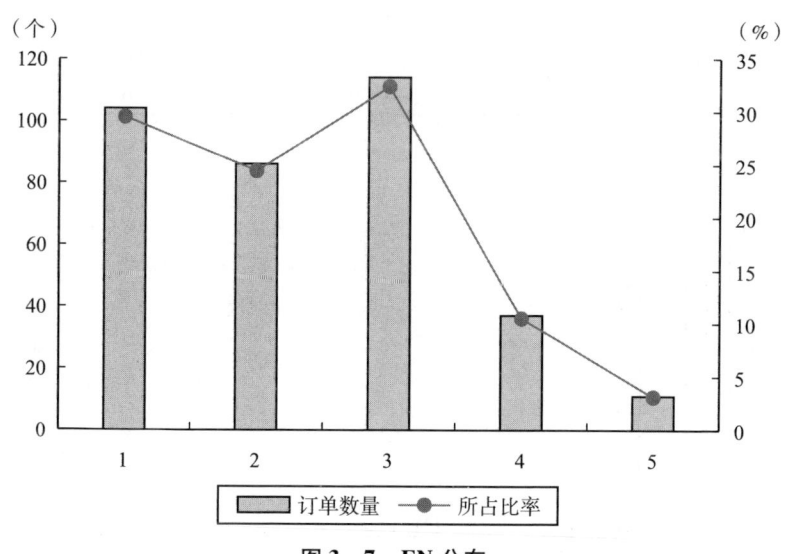

图3-7　EN分布

4. 订单量分析（EQ分析）

EQ分析主要可了解单张订单订购量的分布情形，可用于决定订单处理的原则、拣货系统的规划,并将影响出货方式及出货区的规划。将每个订单的订货数量以 10 件为单位划分成 10 个区间,计算分析每个区间的订单数量。经过分析可得:订货数量为 1~10 件的订单数量有 154 个,所占比率为 43.75%;订货数量为 11~20 件的订单数量为 144 个,所占比率为 40.91%。EQ 分析如表 3-17 所示,EQ 分布如图 3-8 所示。

表 3-17 订单 EQ 分析

每个订单订货数量(件)	订单数量(个)	所占比率(%)
1~10	154	43.75
11~20	144	40.91
21~30	20	5.68
31~40	17	4.83
41~50	10	2.84
51~60	4	1.14
61~70	2	0.57
71~80	0	0
81~90	0	0
91~100	1	0.28

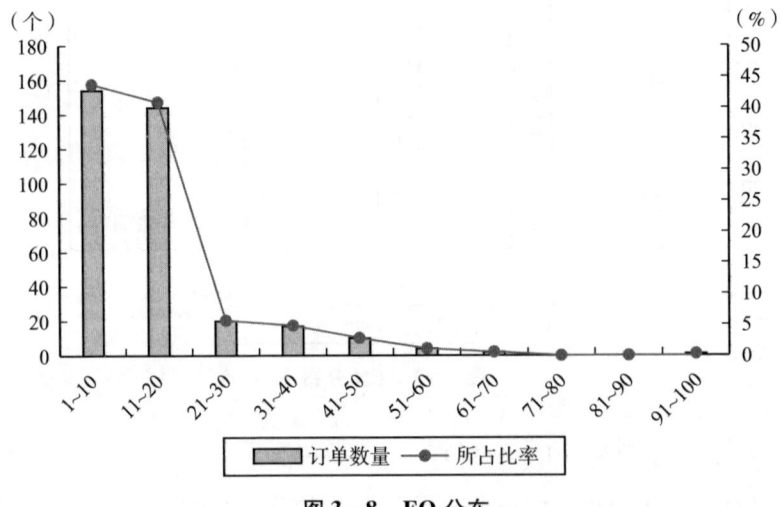

图 3-8 EQ 分布

5. EIQ 综合分析

（1）EIQ 综合分析数据统计表。通过订单出货数量、订单出货品项、单品出货量、单品出货次数的分析，可以做出 EIQ 综合数据表，通过这张数据表，可以较快查找到每张订单的具体信息，有利于提高作业效率，促进作业的准确性和科学性，如表 3-18 所示。

表 3-18　　　　　　　　　EIQ 综合分析

出货订单	出货品项						订单出货数量	订单出货品项
	I1	I2	I3	I4	I5	……	Q1	N1
E1	Q11	Q12	Q13	Q14	Q15	……	Q2	N2
E2	Q21	Q22	Q23	Q24	Q25	……	Q3	N3
E3	Q31	Q32	Q33	Q34	Q35	……	—	—
……	……	……	……	……	……			
单品出货量	Q1	Q2	Q3	Q4	Q5	……	Q	N
单品出货次数	K1	K2	K3	K4	K5	……	—	K

（2）EIQ 综合分析规划内容。通过 EIQ 综合分析，主要了解各类产品出货量的分布状况，分析产品的重要程度与运量规模（见表 3-19）。可用于仓储系统的规划选用、储位空间的估算，并将影响拣货方式及拣货区的规划。可以提高物流作业的准确性和科学性，提高冷链物流中心运作效率。

表 3-19　　　　　　　　　EIQ 综合分析规划

分析项目	说明	目的
订单量	单张订单出货数量的分析	研究订单对货物搬运作业能力的要求
订货品项数	单张订单出货品项数的分析	研究订单对拣选设备及作业能力要求

续表

分析项目	说明	目的
品项数量	每单一品项（SKU①）出货总数量分析	研究出货的拆零比例
品项受订次数	每单一品项（SKU）出货次数分析	对拣选作业频率的统计，主要决定拣选作业方式和拣选作业区的规划

注：①SKU（stock keeping uint）是指库存量单位，即库存进出计量的单位。

（3）EIQ 综合数据分析。由上述综合分析可知：冷链物流服务中心的订单中，平均每张订单平均订货数量为 1~20 件；平均每个订单的品项订购数量为 2~3 件；订货数量最大和最小的订单数量为 1 件和 154 件。

根据 IQ 分布图可知：绿叶类、冷盘小食类和寿司鱼生类的出库量最多，在储位规划时可将这几类产品归置在容易取放，靠近出货区的位置。根据 EQ 分布图可知：订货数量在 1~20 件的订单数量较多，可以针对订单特点，批量处理订单，提高拣选的效率。根据 IK 分布图可知：寿司鱼生类和冷盘小吃类的出库次数最多，可以安排在离出库区较近的位置存放。根据 EN 分布图，订货种类为 3 的订单比率最高。

通过上述对订单数据的 EIQ 分析，可以合理进行存储，补货，拣货和出货的作业，规范作业流程，提高作业效率，使得整个物流服务中心的作业流程更加科学，对整个作业流程进行更好地把控，还可以为冷链物流中心的运营优化提供新的思路。

第 4 章

储位管理与存储控制

仓储管理是物流乃至供应链中的重要环节，存储策略对物流中心的资金周转、存储成本等有很重要的影响。与其他企业一样，冷链物流企业为了确保生产经营活动连续不断地进行，购入、耗用、销售存货是不可或缺的，存货总是处于不断的流转过程中，存货在整个冷链企业的营运过程中充当极为重要的角色。

考虑到库存物料间存在着一定的关联性，在传统 ABC 分类法的基础上加入 FSN 分类法（fast moving，slow moving，no moving，简称 FSN 分类）。同时，为降低因价值或消耗量波动对分类结果造成的影响，引入模糊理论建立价值和消耗量模糊因子，构建模糊 ABC – FSN 分类法对企业库存物料进行分类管理。以中车株机公司库存管理为学习范例，模糊 ABC – FSN 分类法使企业库存物料分类更加细致具体，相应的库存管理策略有助于降低库存管理费用，提高企业核心竞争力。

4.1 模糊 ABC – FSN 分类法的简介

4.1.1 ABC 分类法

1. 定义及原理

ABC 分类法又称帕雷托分析法，也叫主次因素分析法，是项目管理中常用的一种方法。它是根据事物在技术或经济方面的主要特征，进行分类排队，分清重点和一般，从而有区别地确定管理方式的一种分析方法。由于它把被分析的对象分成 A、B、C 三类，所以又称为 ABC 分类法。

A、B、C 三类的划分没有固定的标准，一般根据物资重要程度、消耗数量、价值大资金占用比例来确定。货物将会被分为特别重要的库存（A 类）、一般重要的库存（B 类）和不重要的库存（C 类）三个等级。ABC 分类法是实施库存合理化的基础，在此基础上可以进一步研究解决其余库存合理化问题。ABC 分类法的基本原理是根据库存物料在经济方面（库存物料数量 × 单价）的重要程度不同为主要特征，将库存物料分为三类并进行分别管理，如表 4 - 1 所示。

表 4 - 1　　　　　　　　　ABC 分类管理

物资类别	优先级别	价值占比	数量占比	管理策略
A 类	最高	75% ~ 80%	20%	重点控制，努力降低库存水平，每月至少检查一次
B 类	中等	15% ~ 20%	20% ~ 50%	须进行适当控制，一般每 3 个月检查一次
C 类	最低	5% ~ 10%	50% ~ 100%	简单控制，每年 1 ~ 2 次的盘存和检查

2. 应用步骤

ABC 分类法流程如图 4 - 1 所示。

图 4 - 1　ABC 分类法流程

（1）收集数据：按分析对象和分析内容，收集有关数据。例如，打算分析产品成本，则应收集产品成本因素、产品成本构成等方面的数据，分析针对某一系统的价值工程，则应收集系统中各局部功能、各局部成本等数据。

（2）处理数据：即对收集的数据进行加工，并按要求进行计算，包括计算特征数值，特征数值占总计特征数值的百分数，累计百分数，因素数目及其占总因素数目的百分数，累计百分数。

（3）根据 ABC 分类标准，制作 ABC 分析表并绘制帕累托图。

（4）根据 ABC 三类商品的不同特性，选择合适的管理方式。

3. 存在问题

随着经济和社会的发展，传统上仅基于资金占用情况对商品进行分类的 ABC 分类法局限性日渐明显，在物流中心实际运作过程中，商品分类需要考虑的因素必然是繁杂全面的，而传统的 ABC 分类法只考虑商品资金占有率这单一因素，在对商品进行储位安排时，会一定程度上提高库存商品的物资解放速度，但不能保证库存商品的流通速度，如库存商品的周转率对商品分类乃至存储策略和库存控制也有很大程度的影响[52]-[54]。

4.1.2　FSN 分类法

1. 定义

FSN 分类法是以物料的消耗速度为判断依据对物料进行分类管理的方法。该分类法将物料分为三类，即快速移动 F 类、慢速移动 S 类和不移动 N 类。F 类物料消耗速度较快，S 类物料耗速度一般，N 类物料消耗速度极慢。FSN 分类标准必须符合企业的实际生产情况并且有利于物料的高效管理。对物料进行 FSN 分类时，应将分类范围限定在企业正常生产所需物料范围内，对于额外的非常规物料应予以排除。

2. 基本原理

FSN 分类法的基本原理与 ABC 分类法相似，首先按照物料的年消耗量进行排序，然后得出所有物料的累积消耗量，当累加消耗量达到总物料消耗量的 70% 时，这些物料被记为 F 类，将累积消耗量在

70%~90%区间内的物料记为 S 类,最后剩下的部分物料被记为 N 类。由此可见,FSN 分类法与 ABC 分类法的优缺点相似。

4.1.3 模糊 ABC–FSN 分类法

1. 分类思想

模糊理论是由美国扎德(Zadeh)教授在 1965 年发表的著名论文《模糊集合》中首次提出。模糊统计便是在模糊集合理论的基础上发展出的一种统计方法。相较于经典期望和方差的计算,模糊统计学中模糊期望和模糊方差则不能直接计算,而是利用模糊迭代方法求得。因此,对数据处理方面,模糊期望和模糊方差的计算方法抗干扰能力也比较强。

(1) 模糊期望。设集合 $X = \{x_1, x_2, \cdots, x_n\}$,均值隶属度 $N = \{u_1, u_2, \cdots, u_n\}$,其模糊期望 $\tilde{x}$ 可表示为:

$$\tilde{x} = \frac{\sum_{k=1}^{n} x_k \cdot u_k}{\sum_{k=1}^{n} u_k} \quad (4-1)$$

均值隶属度 u_k 可表示为:

$$u_k(t) = \begin{cases} 1, & t = 0 \\ e^{-\frac{|x_k - \tilde{x}(t)|}{a}}, & 0 \leq t \leq m \end{cases} \quad (k = 1, 2, \cdots, n) \quad (4-2)$$

其中,均值隶属度的初值 $u_k(t) = 0$,m 为模糊迭代次数,a 为迭代精度,表示为:

$$a = \frac{1}{n} \sum_{k=1}^{n} |x_k - \tilde{x}(t)| \quad (4-3)$$

(2) 模糊方差。设集合 X,方差隶属度 N,模糊数学期望 $\tilde{x}$,集合 $V = \{\tilde{v}_1, \tilde{v}_2, \cdots, \tilde{v}_n\}$,$\tilde{v}_k = (x_k - \tilde{x})^2$,$(k = 1, 2, \cdots, n)$,其模糊方差可表示为:

$$\tilde{v} = \frac{\sum_{k=1}^{n} \tilde{v}_k \cdot u_k}{\sum_{k=1}^{n} u_k} \qquad (4-4)$$

方差隶属度 u_k 可表示为：

$$u_k(t) = \begin{cases} 1, & t=0 \\ e^{\frac{|v_k - \tilde{x}(t)|}{a}}, & 0 \leqslant t \leqslant m \end{cases} \quad (k=1,2,\cdots,n) \qquad (4-5)$$

其中：

$u_k(t) = 0$——均值隶属度的初值；

m——模糊迭代次数；

a——迭代精度。

迭代精度 a 表示为：

$$a = \frac{1}{n} \sum_{k=1}^{n} |\tilde{v}_k - \tilde{x}(t)| \qquad (4-6)$$

（3）价格稳定指数。模糊 ABC 分类法通过模糊期望和模糊方差对库存物料价格进行模糊统计计算，得到价格稳定指数作为库存资金模糊因子并参与物料分类，降低因物料价格波动对 ABC 分类造成的影响。价格稳定指数表示为：

$$价格稳定指数 = 1 + \frac{\tilde{v}_A}{\tilde{x}_A} \qquad (4-7)$$

其中：

$\tilde{v}_A$——价格波动模糊方差；

$\tilde{x}_A$——价格波动模糊期望。

（4）物料消耗量波动指数。模糊 FSN 分类法使用模糊期望和模糊方差计算物料消耗量波动指数作为消耗量模糊因子并参与库存 FSN 分类运算，较好地处理了物料消耗量波动对分类结果产生的影响。物料消耗量波动指数表示为：

$$消耗量波动指数 = \frac{\tilde{v}_F}{\tilde{x}_F} \qquad (4-8)$$

其中：

$\tilde{v}_F$——物料消耗波动模糊方差；

$\tilde{x}_F$——物料消耗波动模糊期望。

2. 分类解释

模糊 ABC–FSN 分类法是以库存物料的消耗速度为关联关系将模糊 ABC 分类法和模糊 FSN 分类法相结合的一种综合分类管理方法[55]。该分类法将库存物料分为 9 类，具体解释如表 4–2 所示。其中，第一个字母代表库存物料在模糊 ABC 分类法中的地位，第二个字母代表库存物料在模糊 FSN 分类法中的地位。

表 4–2　　　　　　模糊 ABC–FSN 分类法解释

模糊 ABC–FSN 分类	具体意义
AF 类	最高资金占用额，消耗速度较快
AS 类	最高资金占用额，消耗速度一般
AN 类	最高资金占用额，消耗速度较慢
BF 类	中等资金占用额，消耗速度较快
BS 类	中等资金占用额，消耗速度一般
BN 类	中等资金占用额，消耗速度较慢
CF 类	最低资金占用额，消耗速度较快
CS 类	最低资金占用额，消耗速度一般
CN 类	最低资金占用额，消耗速度较慢

3. 优点解析

模糊 ABC–FSN 分类法不仅具有各分类法的优点外，还具有以下优点：

（1）有利于提高分类结果的准确性，在分类过程中引入模糊因子对库存数据进行微调，较好地处理因库存数据波动对分类造成的影响，使库存物料分类结果更加准确。

（2）有利于促进库存管理工作的完善。模糊 ABC–FSN 分类法将对库存物料进行重新分类，并赋予不同的分类标识，通过分类标识可以快速确定库存物料的相关属性,并针对不同的属性制定不同的库存管理措施,方便库存管理工作,提高库存管理效率。

(3)有利于降低人为因素的影响。通过模糊 ABC – FSN 分类法赋予库存物料的分类标识,任何库存管理人员只须熟悉相关分类标识的意义以及对应库存管理措施,便能胜任库存物料管理工作,保证库存管理工作的正常运行和顺畅交接,降低因人员流动对库存管理造成的影响。

(4)有利于实现系统化库存管理。企业库存信息管理系统可通过识别库存物料的分类标识,自动匹配与该库存物料分类标识对应的订购模型,计算其订货数量、订货点(订货库存最低限)和订货提前期(即提前的时间)。当需要改变该库存物料订货模型时,只需调用相关订货模型,从而提高库存数据的计算精度,减少库存管理人员的工作量和人为管理失误的风险。

4. 实施步骤

模糊 ABC – FSN 分类法实施的具体步骤,如图 4 – 2 所示。

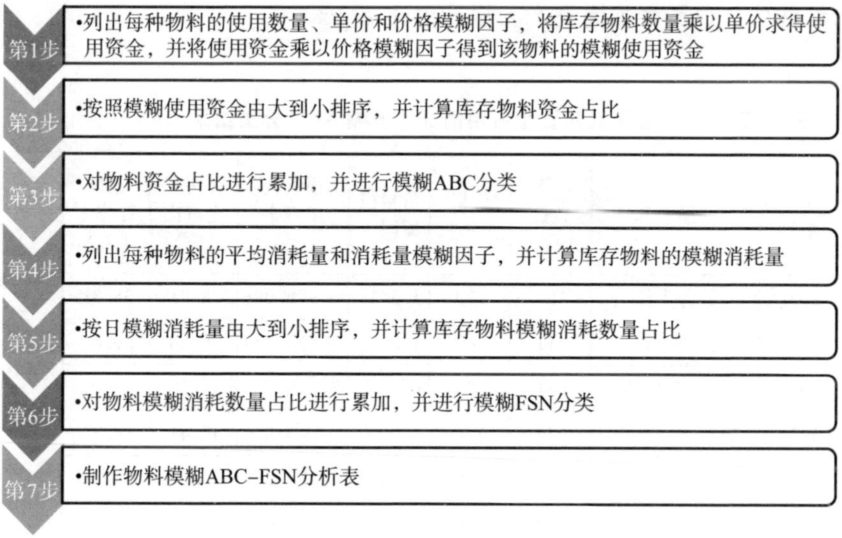

第1步 • 列出每种物料的使用数量、单价和价格模糊因子,将库存物料数量乘以单价求得使用资金,并将使用资金乘以价格模糊因子得到该物料的模糊使用资金

第2步 • 按照模糊使用资金由大到小排序,并计算库存物料资金占比

第3步 • 对物料资金占比进行累加,并进行模糊ABC分类

第4步 • 列出每种物料的平均消耗量和消耗量模糊因子,并计算库存物料的模糊消耗量

第5步 • 按日模糊消耗量由大到小排序,并计算库存物料模糊消耗数量占比

第6步 • 对物料模糊消耗数量占比进行累加,并进行模糊FSN分类

第7步 • 制作物料模糊ABC-FSN分析表

图 4 – 2 实施步骤流程

4.2 模糊 ABC-FSN 分类法的实施

本书以附录 3 中牛羊肉类商品为例,采用模糊 ABC-FSN 分类法,同时基于模糊因子根据考虑因素不同而产生不同计算结果,本书中模糊因子仅为假定,具有一定参考价值,但以实际情况为基准。综合考量商品的存取优先次序,合理分配商品的存储库位,制定合理的库存控制策略及采购、入库计划,使物流中心有限的存储空间得到充分利用,提高仓储作业效率[56][57]。

4.2.1 基于耗用资金的模糊 ABC 分类

以牛羊肉类商品为例,对各种产品耗用金额进行降序排列,得出基于耗用金额的模糊 ABC 分类情况,如表 4-3 和图 4-3 所示。其中 A 类牛羊肉类商品累计占比 73.91%,B 类牛羊肉类商品累计占比 18.89%,C 类牛羊肉类产品累计占比 7.2%。

表 4-3　基于耗用资金占用情况的模糊 ABC 分类结果

商品编号	商品名称	出库数量(件)	价格(元)	价格模糊因子	模糊耗用资金(元)	耗用资金占比(%)	累计百分比(%)	分类
2001	战斧牛排	486	120	1.5428	89 976.096	38.81	38.81	
2016	羔羊里脊	611	60	1.2999	47 654.334	20.80	59.61	A
2015	原切肥牛卷	684	50	0.9578	32 756.76	14.30	73.91	
2029	特级雪花肥牛	474	60	1.0000	28 440	12.41	86.32	
2030	肥牛上脑	249	30	1.0626	7 937.622	3.46	89.78	B
2031	肥牛眼肉	224	30	1.0293	6 916.896	3.02	92.80	

续表

商品编号	商品名称	出库数量（件）	价格（元）	价格模糊因子	模糊耗用资金（元）	耗用资金占比（%）	累计百分比（%）	分类
2018	相间肥牛	75	60	1.2886	5 798.7	2.53	95.33	
2032	羔羊排卷	130	20	1.1200	2 912	1.27	96.60	
2017	美国肥牛	58	40	1.1475	2 662.2	1.16	97.76	C
2034	牛仔骨	84	20	1.0525	1 768.2	0.87	98.63	
2035	法式羊排	68	20	1.2472	1 696.192	0.84	99.47	
2033	羊骨髓	30	20	1.0018	601.08	0.53	100.00	

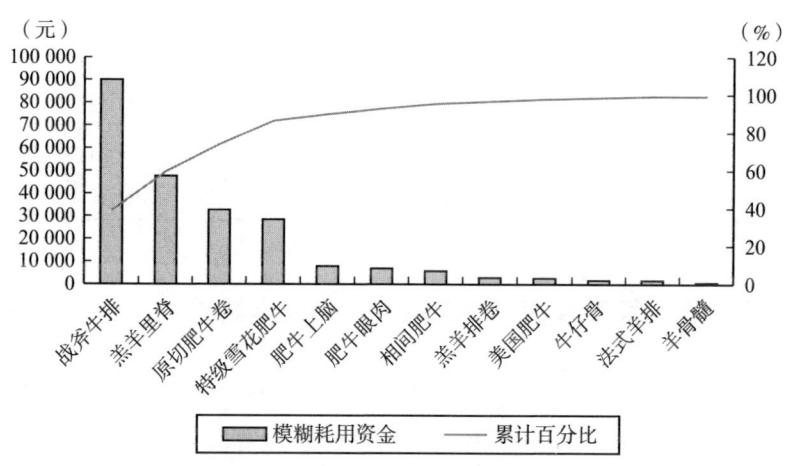

图 4-3 模糊耗用资金占比帕累托图

4.2.2 基于模糊 FSN 分类分析

以牛羊肉类商品为例，由模糊 FSN 分类结果如表 4-4 所示，12 种物料中快速移动 F 类物料 5 种，模糊消耗量累计占比 76.81%；慢速移动 S 类物料 4 种，累计占比 19.28%；不移动 N 类物料 3 种，累计占比 3.91%。

表 4-4　　　　　　基于模糊 FSN 分类分析结果

商品编号	商品名称	消耗数量（件）	消耗量模糊因子	模糊消耗量（件）	模糊消耗量占比（%）	累计占比（%）	分类
2015	原切肥牛卷	684	1.1323	774.49	20.46	20.46	F
2016	羔羊里脊	611	0.9990	610.39	16.12	36.58	
2001	战斧牛排	486	1.2200	592.92	15.66	52.24	
2029	特级雪花肥牛	474	1.0886	516.00	13.63	65.87	
2030	肥牛上脑	249	1.6639	414.31	10.94	76.81	
2031	肥牛眼肉	224	1.3084	293.08	7.74	84.55	S
2032	羔羊排卷	130	2.0943	272.26	7.19	91.74	
2034	牛仔骨	84	1.0967	92.12	2.43	94.17	
2018	相间肥牛	75	0.9705	72.79	1.92	96.09	
2035	法式羊排	68	0.9081	61.75	1.63	97.72	N
2017	美国肥牛	58	0.9101	52.79	1.39	99.11	
2033	羊骨髓	30	1.0915	32.75	0.89	100.00	

4.2.3　基于模糊 ABC – FSN 的分类结果

如果只基于耗用金额或消耗数量进行 ABC 分类,可能会出现误差,因此认为对 12 种牛羊肉类商品近一周有效历史订单进行基于耗用金额的模糊 ABC 分析与基于消耗数量的模糊 FSN 分析,进行 ABC – FSN 的综合分析,可以得出更加周全的数据,由此制作 ABC 分类,如表 4 – 5 所示。

表 4-5　　　　基于多模糊 ABC – FSN 分类结果

商品编号	商品名称	模糊 ABC 分类	模糊 FSN 分类	分类组合	综合评价
2001	战斧牛排	A	F	AF	A
2016	羔羊里脊	A	F	AF	
2015	原切肥牛卷	A	F	AF	

续表

商品编号	商品名称	模糊 ABC 分类	模糊 FSN 分类	分类组合	综合评价
2029	特级雪花肥牛	B	F	BF	B
2030	肥牛上脑	B	F	BF	B
2031	肥牛眼肉	B	S	BS	B
2018	相间肥牛	C	S	CS	C
2032	羔羊排卷	C	S	CS	C
2017	美国肥牛	C	N	CN	C
2034	牛仔骨	C	S	CS	C
2035	法式羊排	C	N	CN	C
2033	羊骨髓	C	N	CN	C

4.2.4 对于 ABC 三类商品的管理方法

对于三种等级的商品，要依据其类别划分重要程度，进行差异化管理，采用不同的管理方法，更有助于节约成本，控制关键库存，减少不必要的仓储费用，达到更优化的管理效果，如表 4-6 所示。

表 4-6　　　　ABC 三类商品的管理方法

商品类别	管理方法
A	(1) 尽可能正确的预测需求量 (2) 合理增加采购次数，降低采购批量 (3) 控制出库量平稳化，降低需求变动，降低库存 (4) 降低采购提前期 (5) 采用定期订货方法，并对其库存进行定期检查 (6) 严格执行盘点，提高库存存储精度 (7) 提高商品机动性，易于出入库
B	(1) 采用定量订货方式，对于需求波动较大或提前期较长的商品采用定期订货方式 (2) 常规定期盘点 (3) 中量采购

续表

商品类别	管理方法
C	(1) 采用复合制或定量订货方式以求节省手续 (2) 简化库存管理手段 (3) 安全库存量较大，以免发生库存短缺 (4) 减少盘点次数和管理工作

4.3 库存管理控制方法设计

库存控制决策的目标是在现实的资源约束下满足客户订货需要而又使库存成本达到最低。库存控制是将商品的库存维持在预期库存水平上的一套管理技术。它的核心是如何确定这个预期的库存水平，以及如何经济而有效地维护这个库存水平。

4.3.1 库存管理流程

库存管理流程如图4-4所示。

图4-4 库存管理流程

1. 确定库存品种及需求

持有库存成本高昂，因此企业要在客户服务保持在可以接受的水平的基础上，使库存水平实现最小。这就要求企业首先确定哪些物品需要保有库存，杜绝向库存中加入不必要的物品，把不再适用的物品及时从库存中清除出去。并对相关商品进行需求的识别和预测。

2. 确定服务水平与安全系数

服务水平是指客户提出订货要求时，企业能够满足客户需求的可能性。如果整个库存系统任何时候均能满足全部客户的订货需求，则其客户服务水平为100%；如果能满足95%的需求，则其客户服务水平为95%，也可以称此时的库存系统的缺货率为5%。由于客户需求通常无法准确预测，企业常采用增大库存量的方法提高服务水平。库存量越大，企业可能提供的服务水平就越高，同时库存成本也就越高。因此必须对服务水平和库存成本进行权衡，确定合理的服务水平，才能获得期望的效益。

3. 确定安全库存

安全库存用于预防预测与实际消耗之间的差异，以及期望运输时间与实际时间的差异所造成的损失，即预防各种不确定性。安全库存的计算，一般需要借助于统计学方面的知识，对顾客需求量的变化和提前期的变化作为一些基本的假设，从而在顾客需求发生变化、提前期发生变化以及两者同时发生变化的情况下，分别求出各自的安全库存量。

4. 确定订货点

确定订货点即确定何时必须补充库存，指的是库存数量降至某一数值时，应及时采购补充的点或界限。订购点过早将造成库存量增加，造成库存成本和空间占用成本；订购点过晚将造成缺货，影响客户信誉，甚至导致客户流失。

5. 确定订货批量与库存基准

订购量指库存量已达到订购点时，确定补充库存的数量。订购量过多会造成库存成本增加；订购量过低会造成商品的供应断档，并且会造成订购频次的提高，提高订购成本。

库存基准是指商品应维持多少库存。库存基准主要包括最低库存量和最高库存量。最低库存量是指所订购商品库存量应维持的最低界限；最高库存量是指为了防止库存过多浪费资金，商品所限定的其可能的最高库存水平。

6. 库存动态调整

根据库存的实时变动需求，适当调整库存控制，当发生特定因素使得某一产品库存水平急剧下降时，紧急订购商品，弥补库存需求，保证库存总体水平处于安全稳定的状态。

4.3.2 订货策略设计

1. 定量订货法

定量订货法是指当前库存下降到预定的最低库存量（订货库存最低限）时，按规定数量进行订货补充的库存控制方法，一般以经济订货批量①（economic order quantity，EOQ）为标准。定量订货法需要预先确定一个订货库存最低限 Q_k 和订货批量 Q^*，在销售过程中随时检查库存，当库存降到 Q_k 时，就发出一个订货批量 Q^*，如图4-5所示。

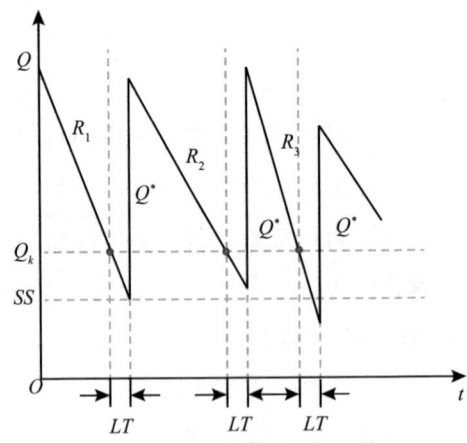

图4-5 定量订货法原理

---

① 经济订货批量指通过平衡采购进货成本和保管仓储成本核算，以实现总库存成本最低的最佳订货量。经济订货批量是固定订货批量模型的一种，可以用来确定企业一次订货（外购或自制）的数量。当企业按照经济订货批量来订货时，可实现订货成本和储存成本之和最小化。

定量订货法主要控制参数有两个：订货库存最低限和订货批量。

（1）订货库存最低限的确定。在定量订货法中，发出订货批量时，商品实际的保有库存量叫作订货点（订货库存最低限）。在订货提前期（即提前的时间）确定，但需求量具有一定波动的前提下，订货点（订货库存最低限）的计算公式如下：

$$R = d \times LT + SS \tag{4-9}$$

其中：

R——订货点（订货库存最低限）库存水平；

d——日需求量；

L——订货提前期；

SS——安全库存。

（2）订购批量的确定。订货批量是指商品的单次订购数量，在定量订货法中每次的订货批量都是相同的，通常通过经济批量作为订货批量。经济批量的计算公式如下：

$$Q = \sqrt{\frac{2DS}{C}} \tag{4-10}$$

其中：

Q——订购批量；

D——商品的年需求量；

S——单次订货成本；

C——单位商品年保管费。

2. 定期订货法

定期订货法是按照预先确定的订货时间间隔进行订货补充的库存管理方法。定期订货法需要预先设定订货周期和最高安全库存量，定期订货法需要周期性的检查库存，根据最高库存量、实际库存、在途订购量和待出库商品数量计算出订购批量，如图4-6所示。

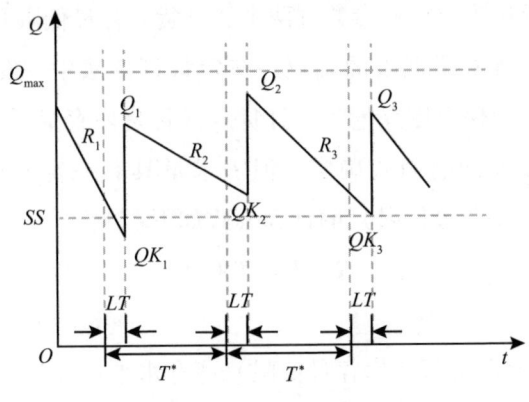

图4-6 定期订货法原理

定期订货法主要的控制参数有三个,分别为订货周期、最高库存量和订购批量。

(1) 订货周期的确定。在定期订货法中,订货点即为订货周期,且订货周期为定值,通常采用经济期货周期的方法来计算,计算公式如下:

$$T = \sqrt{\frac{2S}{CD}} \qquad (4-11)$$

其中:

T——经济订货周期;

D——商品的年需求量;

S——单次订货成本;

C——单位商品年保管费。

(2) 最高库存量的确定。定期订货法的最高库存量是用以满足 $(T+LT)$ 期间内的库存需求量,在库存需求不确定的情况下,最高库存量的计算公式如下:

$$Q_{max} = (T+LT) \times R + SS \qquad (4-12)$$

其中:

Q_{max}——最高库存量;

R——订货点(订货库存最低限)库存水平;

T——经济订货周期;

L——订货提前期;

SS——安全库存。

(3)订购批量的确定。定期订货法的单次订购量是不固定的,订货批量是指由当前库存量决定的,考虑到库存的在途到货量和待出库数量,订购批量的计算公式如下:

$$Q_i = Q_{max} - QN_i - QK_i + QM_i \qquad (4-13)$$

其中:

Q_{max}——最高库存量;

Q_i——第 i 次订货的订货量;

QN_i——第 i 次订货点的在途到货量;

QK_i——第 i 次订货点的实际库存;

QM_i——第 i 次订货点的待出库数量。

3. 最大—最小库存控制策略

即$(T, R, S) L$策略,基本思想:进行周期性检查、最大库存量策略,不过需要确定一个订货点 R(最小库存),每经过一个周期 T 时,如果现有库存水平降到订货点 R 及以下,则发出订货要求,将现有库存补充到最大库存水平 S;否则,该周期不需要订货,再经过一个周期 T 后,考虑是否发出订货。最大—最小库存控制策略的订货点 R 是固定的,订货量是变化的,由现有库存和最大库存水平决定。

该策略主要适用于需要定期盘点和定期采购的商品,具有相同供应来源的物品,需求量较低的商品。

4. 经济订货批量

经济订货批量(EOQ)是一种简单、理想的状态,通过平衡采购订货成本和库存持有成本进行核算,以实现总库存成本最低的最佳订货量。当企业按照 EOQ 订货时,可以实现订货成本和库存持有成本之和最小。

(1) 基本EOQ必须满足下列假设条件：

需求稳定，单位时间内的系统需求恒定；

订货提前期 L 不变；

每次订货批量一定；

每批订货一次入库，且入库在极短时间内完成；

订货成本、单位库存持有成本和物品单价固定不变；

不允许出现缺货现象。

(2) 一般情况下，暂定计划期为1年，年需求量为 D，订货批量为 Q，每次订货成本为 C，物品订购单价为 P，单位物资年保管成本为 H。此时，年订货次数 N 为 D/Q，平均库存量为 $Q/2$，若不允许缺货，则年总库存成本 TC 为年订货成本、年存储成本、年购入成本之和，如式(4-14)所示：

$$N = \frac{D}{Q};$$

$$TC = C \times N + H \times \frac{Q}{2} + D \times P \qquad (4-14)$$

利用微分法求使 TC 最小的 Q 的最优解，对决策变量 Q 求一阶偏导数并令其为0，可得 Q 的最优解即最佳订货量 EOQ，如式(4-15)所示：

$$EOQ = \sqrt{\frac{2DC}{H}} \qquad (4-15)$$

4.3.3 分类库存管理实施

经过对库存控制策略的分析，结合ABC分类结果，现对冷链物流中心的牛羊肉类商品的库存控制策略做如下设计：

(1) A类商品作为库存管理的重点对象，其周转率较大，是价值和关键性较高的商品，为便于随时掌握库存的动态数据，降低成本，所以采用定量库存控制策略，尽量减少安全库存，在数量上做严格的控制。

定量库存控制策略采用定量订货法，在定量库存控制中，最为关键的库存指标是订货点（订货库存最低限）和最佳订货量。订货点由安全库存和客户服务水平来决定，最佳订货量一般以经济订货批量为标准。

（2）B类和C类商品作为次重点管理对象，其周转率和价值较低，为了减少库存资金占用量，提高库存使用率和工作效率，所以采用定期库存控制策略，适当增加安全库存，以较高的库存来降低订货费用。定期库存控制策略采用定期订货法，在定期库存控制中，订货点和订货量是变化的，其最关键的库存指标是订货周期和最大库存量。

（3）综上所述，根据牛羊肉类商品的ABC分类结果，在仓库实际运行和管理中，对不同的商品采取不同的控制策略和管理方式，具体如表4-7所示。

表4-7　　　　　　库存控制策略及管理方式汇总

类别	A	B	C
地位	特别重要库存商品	一般重要库存商品	非重要库存商品
管理方式	重点管理	次重点管理	
商品价值	高	中	低
周转量	大	中	小
安全库存	少	较多	多
存储风险	高	中	低
订货特点	少批量、多批次	多批量、少批次	
控制策略	定量库存控制策略	定期库存控制策略	
盘点周期	经常性检查和盘点	三周进行一次检查盘点	每月一次盘点
控制程度	严格控制	一般控制	简单控制

4.4　储区规划与储位安排

储存策略主要按定位存储的指派原则，良好的储存策略可以减少出入库移动的距离、缩短作业时间，甚至能够充分利用储存空间。冷链物流中心的存储区域分为整货存储区和零货存储区，由于不同存储区域功能有所差异，应分别制定合理的存储策略和储区规划，以提高仓库的整体运行效率，降低运营成本[58][59]。

4.4.1　常见的商品储存策略

1. 定位储存（dedicated location）

每个货物都被分配好了固定位置，每种货物都要求存储到指定位置，不能随意改动，是仓库中常见的一种存取策略。该存储策略适用于多品种小批量的储存。

2. 随机储存（random location）

每个货品指派储存的位置都是经由随机的过程所产生的，也就是说，任何品项可以被存放在任何可利用的位置。

3. 分类储存（class location）

所有的储存货品按照一定特性加以分类，每一类货品都有固定存放的位置，而同属一类的不同货品又按一定的法则来指派储位。分类存储通常按照商品相关性、流动性、产品尺寸、重量或商品特性来分类。

4. 分类随机储存（random within class location）

每一类货品有固定储存区域，但在各类的储区内，每个储位的指派是随机的。

5. 共享储存（utility location）

在确定知道各货品的进出库时间，不同的货品可共享同一储位。

共享储存在管理中虽然复杂,但所需的储存空间及搬运时间更为经济。

各类商品储存策略的优缺点比较如表4-8所示。

表4-8　　　　　　　　储存策略的优缺点比较分析

储存策略	优点	缺点	适用情况
定位储存	每种商品都有固定储存位置拣货人员容易熟悉商品储位;商品的储存可按周转率大小来安排,缩短出入库搬运距离	储位必须按各项商品的最大在库量设计,因此仓储区域空间平时的使用效率较低	商品储存条件高、仓库空间大、多种少量商品
随机储存	由于储位可共用,因此只须按所有库存商品最大库存量设计即可,仓储空间的使用效率较高	出入库管理及盘点工作的进行困难较高,周转率高的商品可能被储存在离出入口较远的位置	商品相关性大、周转率差别大、商品尺寸差别大
分类储存	便于畅销品的存取,具有定位存储的各项优点;各分类的储存区域可根据商品特性再作设计,有助于商品的储存管理	仓储空间平均的使用效率低;分类储存比定位储存具有弹性,但也有与定位储存同样的缺点	仓库空间有限、商品种类少而体积较大
分类随机储存	可接收分类储存和随机储存的部分优点,又可节省储位数量,提高仓储区利用率	商品出入库管理特别是盘点工作较困难	兼具分类储存和随机储存的特点
共同储存	减少储位空间,缩短搬运时间	在管理上会带来一定困难	确切知道商品进出仓库的时间

4.4.2　储位指派法则

储存策略是仓储区规划的初步原则,储存策略和储位指派法则必须相结合才能有效地实现储位高效管理的目的。主要有以下储位指派原则：

（1）靠近出口法则。将即将入库的商品指派到离出库口最近的空储位上。该储位指派法则一般在随机储存策略、共用储存策略相配合使用。

（2）周转率法则。按照商品在仓库的周转率来安排储位。商品按照周转率进行排序，然后将其分为若干段，同时储位也根据周转效率分为若干段，将不同区间段周转率的商品指派到固定周转效率段的储位，该法则一般与定位储存策略、分类（随机）储存策略配合使用。

（3）相关性法则。将商品相关性高的商品尽量存放在相邻位置，商品的相关性是指被同时订购的频次高低。该策略一般与分类（随机）储存策略配合使用，并且该方法一般适用于商品的拣选作业区。

（4）同一性法则。同一性法则是指把同一种商品储存在同一个保管位置的法则。这种方法有利于商品的管理和盘点，适用于商品种类少的仓库。

（5）互补性法则。将具有互补性的商品放于临近的位置，以便缺货情况下的另一种商品的快速替代。

（6）先进先出法则。先进先出是指先保管的商品先出库，这一原则一般适用于产品寿命周期短的商品。

（7）重量特性法则。重量特性法则是指按照商品重量不同来决定商品储存位置的高低。一般而言，重量大的商品应存放在地面或货架的下层，重量小的商品应保管在货架上层的位置。

（8）尺寸特性法则。在仓库布置时需要考虑商品尺寸和形态，根据商品的储存数量和尺寸对商品安排合理的储位，可以有效地减少搬运时间。

4.4.3 基于 ABC 分类结果的储位安排

储位管理的重点在于将配送中心内货物的储位进行合理的安排。在实际操作中，冷链中心储位安排的依据包括货物的属性、物动量 ABC 分类及货物的原有库存状况三个方面[60]：

1. 基本流程

首先，根据货物的属性，把入库货物分为冷冻货物和冷藏货物两大类，不同类别的货物存储于不同的库区，冷冻货物通常存储在一楼自动立体库区，冷藏货物通常存储在二楼重型货架区。

其次，根据货物的物动量 ABC 分类结果，对存储于不同库区的货物进行储位安排。

最后，将这三种类别货物根据原有库存状况，并结合储位分配的基本原则（分类分区、上轻下重、先进先出）合理分配适当的储位[61][62]。

2. 整货储位安排——自动化立体仓库

对位于立体库货架区的普通货物，C 类货物种类多、价值低、出库频率低，通常安排于立体库货架区远离出口的位置；B 类货物种类较多，可排于立体库货架中间位置或靠近出口的中层；A 类货物种类少、出库频率高、较为贵重，则须安排在立体库货架靠进出口的底层[63][64]。具体情况如表 4-9 所示。

3. 零货储位安排——水平回转货架和重型货架

中型货架和水平回转货架最适合对品种多的小件货物进行存储管理，可配合零件盒或周转箱对货物进行分类管理。根据物料物流的特点，应将出货频次大的 A 类货物存储于水平回转货位，出货频次小的 B 类和 C 类货物存储于中型货架。具体情况如表 4-10 所示。

表 4-9　　　　　　　　　自动化立体仓库储位安排

商品编号	商品名称	温度区域	整体安排	分类	种类特性	优化
2001	战斧牛排	冷冻区	靠近出库口的低层区域	A	货物种类少、出库频率高、较为贵重	这三种类别货物根据原有库存状况，并结合储位分配的基本原则（分类分区、上轻下重、先进先出）合理分配适当的储位
2016	羔羊里脊	冷冻区				
2015	原切肥牛卷	冷冻区				
2029	特级雪花肥牛	冷冻区	中间位置或靠近出口的中层区域	B	货物种类较多、出库频率中等、价值一般	
2030	肥牛上脑	冷冻区				
2031	肥牛眼肉	冷冻区				
2018	相间肥牛	冷冻区	远离出口的货架高层区域	C	货物种类多、价值低、出库频率低	
2032	羔羊排卷	冷冻区				
2017	美国肥牛	冷冻区				
2034	牛仔骨	冷冻区				
2035	法式羊排	冷冻区				
2033	羊骨髓	冷冻区				

表 4-10　　　　　　　　　零货储位安排

商品编号	商品名称	温度区域	货架安排	具体层级安排	分类	优化
2001	战斧牛排	冷冻区	水平回转货架	放置在靠近出库口货架的中间或下层	A	这三种类别货物根据原有库存状况，并结合储位分配的基本原则（分类分区、上轻下重、先进先出）合理分配适当的储位
2016	羔羊里脊	冷冻区				
2015	原切肥牛卷	冷冻区				
2029	特级雪花肥牛	冷冻区	中型货架	放置在远离出口货架的中间和最下层	B	
2030	肥牛上脑	冷冻区				
2031	肥牛眼肉	冷冻区				
2018	相间肥牛	冷冻区	中型货架	放置在远离出口的货架的最上层	C	
2032	羔羊排卷	冷冻区				
2017	美国肥牛	冷冻区				
2034	牛仔骨	冷冻区				
2035	法式羊排	冷冻区				
2033	羊骨髓	冷冻区				

4. 水平回转货架细化安排

对于水平回转货架而言，其各个货位的便利性也存在很大的差异，为了更进一步优化库存配置，合理规划储位，对于水平回转货架库位的进一步细化安排是十分有必要的。

储位管理的关键方法在 SKU（stock keeping unit，库存量单位，即指某种同一型号的商品）动性分析和分类。SKU 动性分析关注货物动量和品类两个参数。首先需要统计的是该时段内的货品出货总量的数量和品类；其次结合其货物动性和品类因素，将所有 SKU 分为 ABC 三类。C 类货品的存放起始位置应该从自动回转库的顶部开始，中等动性的 B 类货品应该把自动回转库底部货位作为起始放置位置，而中间地带货位（操作者出手可及的方便货位）是自动回转库的"黄金储位"，"黄金储位"当然是 A 类移动频次高的货品的最佳存放位置。此外，同类货品在水平方向上均匀分布放置，也是一个关键的作业方法。均匀存放不同的 SKU 货品对设备载荷和总体系统效率提升有明显的益处[65]，具体库位安排如图 4-7 所示。

图 4-7　水平回转货架储位安排

4.4.4 托盘货物堆码

堆码是指将货物整齐、规则地摆放成货垛的作业，根据货物的包装、性质、形状、重量、特点和数量等因素，结合季节和气候情况，及仓库储存条件，将货物按一定的规律码成各种形状的货垛。

1. 货物堆码的原则

整齐原则：堆码整齐，货物不超过托盘边缘。

堆码原则：托盘利用最大化，货位承重不做要求。

牢固原则：奇数层偶数层尽量交叉摆放。

方便原则：每层个数尽量相同，便于盘点。

2. 货物堆码方式

利用货物或其包装外形进行堆码，这种堆码方式能够增加货垛高度，提高仓容利用率，能够根据货物的形状和特性的需要和货位的实际情况堆码成各种形式，以利于保护货物的质量。堆码形式主要取决于货物本身的包装、性质、形状、重量、特点和数量等因素。

常见的堆码的方式有重叠式堆码、纵横交错式堆码、仰伏相间式堆码、旋转交错式堆码和压缝交错式堆码等。其中重叠式堆码适用于板形货物和箱型货物，货垛整齐牢固；旋转式用于所有箱装、桶装及裸装货物堆码，起到通风防潮、散湿散热的作用；压缝交错式堆码适用于长形材料的堆码，可以增强货垛的稳定性。

4.5 采购计划与入库计划制订

对表 4-11 中的牛羊肉类商品进行分析，并根据前面 ABC 分析结果及库存管理控制方法的设计，对于特定的商品进行准确的分析，制定详细的采购计划和入库计划（入库月台、储位安排等）。

表 4-11　　　　　　　　　入库计划商品

商品编码	商品名称	年需求量（件）	日需求量标准差（件）	单次订货成本（元）	年存储费用（元）	采购提前期（天）
2016	羔羊里脊	10 140	15.55	40	4	5
2018	相间肥牛	1 920	3.42	41	4	5
2031	肥牛眼肉	9 600	6.57	38	4	5

4.5.1 采购计划

结合 ABC 分类结果和库存控制策略，对表 4-11 商品信息进行分析，可知上述三种商品分别属于 A 类、B 类、C 类商品，并根据 4.3.1 中库存管理控制方法设计规划流程，计算采购所需要的各种参数要求，对其采取不同的策略制订采购计划。

1. 商品安全库存的确定

（1）基础理论。安全库存是用于预防、预测与实际消耗之间的差异，以及期望运输时间与实际时间的差异所造成的损失，即预防各种不确定性。安全库存的计算，一般需要借助于统计学方面的知识，对顾客需求量的变化和提前期的变化作为一些基本的假设，从而在顾客需求发生变化、提前期发生变化以及两者同时发生变化的情况下，分别求出各自的安全库存量。

在提前期和订货周期确定的前提下，安全库存计算公式为：

$$SS = z \times \delta_d \times \sqrt{LT} \tag{4-16}$$

其中：

SS——安全库存量；

z——特定服务水平下的标准差数值；

δ_d——日需求量的标准差；

LT——订货提前期。

（2）基于正态分布的安全系数。冷链物流中心商品日需求量服从正态分布，通过查阅标准正态分布表，可知常见顾客服务水平对应的安全系数 z 如表 4-12 所示。

表 4-12　　　　　　　　顾客服务水平及安全系统

顾客服务水平（%）	安全系数 z	顾客服务水平（%）	安全系数 z
100	4.42	98	2.05
99.99	4.18	97	1.88
99.87	3.65	95	1.65
99	2.33	90	1.29

其中根据 ABC 分类结果划分，A 类商品的服务水平是 99%；B 类商品的服务水平是 95%；C 类商品的服务水平是 90%，如表 4-13 所示。

表 4-13　　　　　　　　商品服务水平与安全系数分析

商品编号	商品名称	服务水平（%）	安全系数 z	商品分类
2016	羔羊里脊	99	2.33	A
2031	肥牛眼肉	95	1.65	B
2018	相间肥牛	90	1.29	C

根据所提供的详细信息表 4-13 和表 4-14 以及安全库存的式（4-16）可以计算出三种商品不同的安全库存需求。

以羔羊里脊为例，其为 A 类商品，服务水平为 99%，安全系数为 2.33，日需求量标准差为 15.55，采购提前期为 5，其安全库存 $SS = 2.33 \times 15.55 \times \sqrt{5} = 82$。

同理可得另外两种商品的安全库存，汇总如表 4-14 所示。

表4-14　　　　　　　　商品安全库存

商品编号	商品名称	商品分类	安全库存量（件）	采购方式
2016	羔羊里脊	A	82	定量采购
2031	肥牛眼肉	B	25	定期采购
2018	相间肥牛	C	10	定期采购

2. 制订商品采购计划

1）A类商品采购计划（以羔羊里脊为例）。

（1）确定商品订货点（订货库存最低限）。已知A类商品羔羊里脊的年需求量 $D=10\,140$（件），可以算得平均日需求量。

由式（4-9）计算可得：

$$R = d \times LT + SS = 29 \times 5 \times 1 + 82 = 227 \text{（件）}$$

（2）确定订货量。已知 $S=40$，$C=4$，由每周期内订货量的计算公式（4-10）可得：

$$Q = \sqrt{\frac{2DS}{C}} = \sqrt{2 \times 10\,140 \times 40/4} \approx 451 \text{（件）}$$

（3）制订采购计划。经上述计算，当羔羊里脊的库存量消耗到订货点227件时发出采购申请，每次订货批量为451件。在4天的订货提前期内，库存量降低到安全库存82件前，完成商品入库，库存上升至原库存水平。

根据商品库存信息可知，羔羊里脊的库存剩余30件，已经处于安全库存水平之下，而且远远低于订货点，为了弥补安全库存的空缺，因此需要采取紧急订货，订货量为503件。

2）B类和C类商品采购计划（以肥牛眼肉和相间肥牛为例）。

（1）确定两种商品的订货周期。根据式（4-15），肥牛眼肉的经济订货批量为：

$$EOQ = \sqrt{\frac{2DC}{H}} = \sqrt{2 \times 9\,600 \times 38/4} \approx 428 \text{（件）}$$

同理可得，相间肥牛的经济订货批量为 199 件。

①确定两种商品的最佳订货次数 N。根据式（4-14），肥牛眼肉的最佳订货次数 N 为：

$$N = \frac{D}{Q} = 9\,600/428 \approx 23\,（次）$$

同理可得，相间肥牛的最佳订货次数为 10 次。

②确定两种商品的最佳订货周期 T。肥牛眼肉的最佳订货周期为：

$$T = \frac{365}{N} \approx 16\,（天）$$

同理可得，相间肥牛的最佳订货周期为 37 天。

（2）确定目标库存水平。目标库存水平 S 是满足库存的订货周期和提前期的需求量，既要满足订货周期和提前期的平均需求量，还须加上企业为保证客户服务水平的保险储备量（安全库存）。其计算公式如下：

$$S = d \times (T + L) + SS \tag{4-17}$$

根据肥牛眼肉和相间肥牛的年需求量，确定平均日需求量。

肥牛眼肉日均需求量：

$$d = \frac{9\,600}{365} \approx 26\,（件）$$

相同肥牛日均需求量：

$$d = \frac{1\,920}{365} \approx 5\,（件）$$

代入式（4-17）确定目标库存：

肥牛眼肉的目标库存：

$$S = d \times (T + L) + SS = 27 \times (16 + 5) + 25 = 592\,（件）$$

相间肥牛的目标库存：

$$S = d \times (T + L) + SS = 6 \times (36 + 5) + 10 = 256\,（件）$$

（3）确定次订货量。定期订货法的次订货量计算公式为：

$$次订货量 = 目标库存水平 - 现有库存量 \tag{4-18}$$

根据商品库存信息可知,肥牛眼肉和相间肥牛的现有库存量分别为 180 件和 30 件。因此,这两种商品的次订货量分别为 412 件和 226 件。

(4) 制订采购计划。经上述计算,商品肥牛眼肉每年进行 23 次订货,每次订货间隔期为 16 天,每次订购的最经济批量为 428 件,需要维持的库存水平为 592 件。

商品相间肥牛每年进行 10 次订货,每次订货间隔期为 36 天,每次订购的最经济批量为 199 件,需要维持的库存水平为 256 件。

3) 采购计划汇总。

根据以上信息,将这三种商品的采购计划信息汇总如表 4-15 所示。

表 4-15　　　　采购计划汇总

商品名称	商品分类	订货方式	订货点/订货周期(天)	单次订货量(件)	维持库存水平(件)	采购数量(件)
羔羊里脊	A	定量采购	227	451	533	503
肥牛眼肉	B	定期采购	16	428	592	412
相间肥牛	C	定期采购	23	199	256	226

4.5.2　入库计划

1. 入库作业流程

入库作业基本流程如图 4-8 所示。

图 4-8　入库作业基本流程

2. 入库计划安排

1）确定入库商品种类及数量。

入库作业的前提是要确定订购货物名称及数量，由此才能确定入库商品的数量。订货数量可以通过一次性订货、安全库存量或经济订货批量来确定。在实际操作中，可根据经济订货批量确定订货量，然后才能进行入库申请，从而完成入库作业计划。根据采购计划，可以得到入库信息如表4-16所示。

表4-16　　　　　　　　　入库商品信息

商品名称	商品分类	当前库存量（件）	单次订货量（件）	本次入库数量（件）
羔羊里脊	A	0	451	503
肥牛眼肉	B	0	428	412
相间肥牛	C	0	199	226

2）储位安排。

储位管理的重点在于将配送中心内货物的储位进行合理的安排。在实际操作中，冷链中心储位安排的依据包括货物的属性、物动量ABC分类及货物的原有库存状况三个方面。

首先，根据货物的属性，把入库货物分为冷冻货物和冷藏货物两大类，不同类别的货物存储于不同的库区，冷冻货物通常存储在一楼自动立体库区，冷藏货物通常存储在二楼重型货架区。

其次，根据货物物动量ABC分类结果，对存储于不同库区的货物进行储位安排。

最后，将这三种类别货物根据原有库存状况，并结合储位分配的基本原则（分类分区、上轻下重、先进先出）合理分配适当的储位。

具体如表4-17所示。

表4-17　　　　　　　　　储位安排信息

商品名称	商品分类	入库货物分类	入库数量（件）	货架分配	具体储位安排
羔羊里脊	A	冷冻货物	503	自动化立体货架	A010102 - A010103
肥牛眼肉	B	冷冻货物	412	自动化立体货架	A010202 - A010204
相间肥牛	C	冷冻货物	226	自动化立体货架	A010302 - A010304

3）入库月台分配。

货物月台分配的重点在于根据货物的储位分配结果，计算叉车上、下架过程中运行的距离。在实际操作中，可以选择计算叉车运行距离来选择收货月台，也可以通过经验判断法来确定合理的收货月台，具体安排如表4-18所示。

表4-18　　　　　　　　　入库月台信息

商品名称	商品分类	入库货物分类	存放楼层	入库数量（件）	月台分配
羔羊里脊	A	冷冻货物	一楼	503	1号月台
肥牛眼肉	B	冷冻货物	一楼	412	2号月台
相间肥牛	C	冷冻货物	一楼	226	3号月台

4）货物验收。

货物验收是按照验收业务作业流程；核对凭证等规定的程序和手续，对入库商品进行数量和质量检验的经济技术活动的总称，凡是商品进入仓库储存，必须经过检查验收，只有验收后的商品，方可入库保管。

（1）货物验收作业的重点。第一，是核对到货车辆和到货商品的温度是否符合要求；第二，在于核对入库货物的实际数量与订货数量是否一致。

在实际操作中，入库货物的实际数量与订货数量可能会有一些出入，所以验收过程中，若出现数量不一致时，按照任务要求进行收货或者进行退货处理。

（2）验收工作的要求。商品验收工作是一项技术要求高、组织严密的工作，关系到整个仓储业务能否顺利进行，必须做到及时、准确、严格、经济。

①及时。到库商品必须在规定的期限内完成验收。这是因为，商品虽然到库，但是未经过验收的商品不算入库入账，不能供应给用料单位。只有及时验收，尽快提出检验报告，才能保证商品尽快入库，满足用料单位的需要，加快商品和资金周转。同时，商品的托收承付和索赔都有一定的期限，如果验收时发现商品不合规定要求，要提出退货、换货或赔偿等要求，均应在规定的期限内提出，否则供方或责任方不再承担责任。

②准确。验收的各项数据或检验报告必须准确无误。验收的目的是弄清商品数量和质量方面的实际情况，验收不准确，就失去了意义。而且，不准确的验收还会给人以假象，造成错误的判断，引起保管工作的混乱，严重者还会危及营运安全。

③严格。仓库有关各方都要严肃认真地对待商品验收工作。验收工作的好坏直接关系到国家和企业的利益，也关系到以后各项仓储业务的顺利开展，因此，仓库领导应高度重视验收工作，直接参与人员更要以高度负责的精神来对待这项工作。

④经济。多数情况下，商品验收不但需要检验设备和验收人员，而且需要装卸搬运机具和设备以及相应工种工人的配合。这就要求各工种密切协作，合理组织调配人员与设备，以节省作业费用。此外，在验收工作中，尽可能保护原包装、减少或避免破坏性试验，也是提高作业经济性的有效手段。

5）货物堆码。

货物堆码的重点在于堆码形状的设计，结合堆码的原则和实际操作中货物堆码基础信息的要求进行货物堆码设计。

利用货物或其包装外形进行堆码，这种堆码方式能够增加货垛高度，提高仓容利用率，能够根据货物的形状和特性的需要和货位的实际情况堆码成各种形式，以利于保护货物的质量。堆码形式主要取决于货物本身的包装、性质、形状、重量、特点和数量等因素。

（1）货物堆码信息。由 WMS 系统中查询包装管理、规格尺寸等信息如表 4-19 所示。

表 4-19　　　　　　　　　　货物堆码信息

商品编号	商品名称	包装代码	包装箱尺寸（厘米）	物料尺寸（厘米）	单品数量（件）	合计箱数（箱）	托盘数量（个）
2016	羔羊里脊	1-10-400	34*25*28	20*10*15	503	54	2
2031	肥牛眼肉	1-10-240	43*32*30	20*20*15	412	41	2
2018	相间肥牛	1-10-100	60*40*50	18*6*2	226	23	3

（2）托盘规格。

塑料托盘：1 000 毫米 * 1 200 毫米 * 150 毫米（见图 4-9）。

堆高：<1 500 毫米（含托盘）。

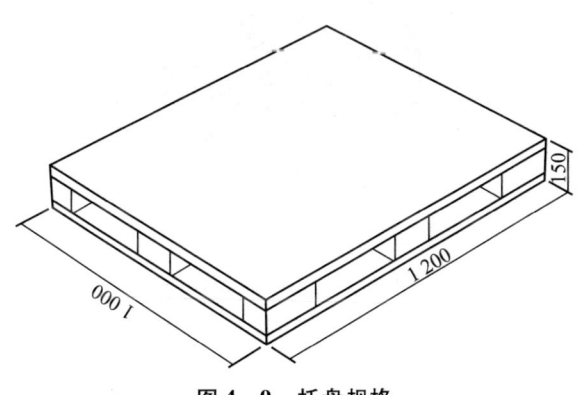

图 4-9　托盘规格

(3) 货物组托示意图（以相间肥牛为例）。相间肥牛规格 600 毫米 * 400 毫米 * 500 毫米，最高放 2 层，每层放 5 箱，现入库 23 箱，共需 3 个托盘，放 2 层，奇数层放 5 箱，偶数层放 5 箱，共 23 箱（注：最后一个托盘只须摆放三箱货物）。

托盘尺寸和货物尺寸按一定比例（如 1∶20）绘制，并在图中标识货物对应的尺寸及堆码层数，如图 4 - 10 和图 4 - 11 所示。

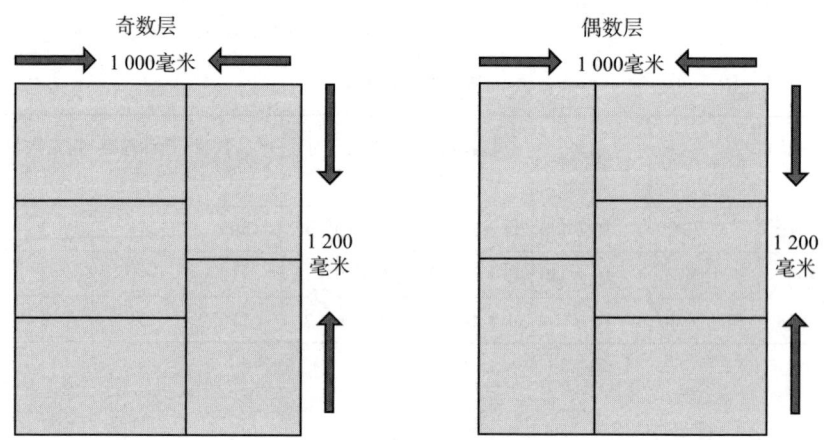

图 4 - 10　货物组托示意图

图 4 - 11　三维堆垛示意图

6）货物上架。

货物上架作业的重点在于上架储位的安排，主要根据储位安排的结果进行。在实际操作中，储位安排不只需要考虑库区的安排，还需要分配到具体库位。这就要了解不同配送中心的各库区库位编码的方式，根据库位的规划进行具体的储位安排，才能完成货物的上架作业。

在本次入库作业流程中，只需要将三种商品按照表 4-18 所安排的储位信息，利用叉车作业将托盘运送至自动化立体仓库入库站台处，根据系统信息自动运送至具体储位编号处进行有序的货物上架，完成本次入库作业。

▶第 5 章◀

拣选作业设计

5.1 拣 选 方 法

5.1.1 拣选方式简介

拣选效率是影响仓储物流效能的核心因素，企业无论规模大小，要让供应链整体效能提升，就需要重视拣选效率[66]-[68]。拣选策略是影响拣选作业效率的重要因素，对不同的订单需求应采用不同的拣选策略。提升仓储物流效率的拣选策略有助于更好地提高运营效率，降低运营成本。常见的拣选方式有摘果式拣选、播种式拣选和复合拣选（见图 5-1）。根据不同的仓库和不同的订单类型，选择合适的拣选方式可有效地提高拣选效率[37][69]。

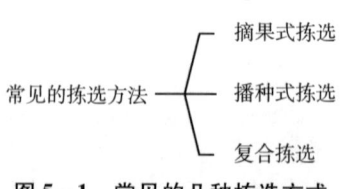

图 5-1 常见的几种拣选方式

1. 摘果式拣选

摘果式拣选指的是针对每一张订单,由拣货员完全用人工方式根据订单上的货品信息到相应的存储位置将货品逐一挑出并集中的过程。这种方式在很多制造企业中广泛应用,其最大的优点在于按领料单完成拣货不需要进行任何的"二次加工"。针对单个订单,分拣人员按照订单所列商品及数量,将商品从储存区或分拣区拣取出来,然后集中在一起的拣货方式。摘果式拣选作业方法简单,接到订单可立即拣货,作业前置时间短,作业人员责任明确;但当商品品项多时,拣货行走路径加长,拣取效率低下。摘果法拣选方式适合订单大小差异较大,订单数量变化频繁,商品差异较大的情况,如化妆品、电器、家具等。摘果式拣选作业流程如图5-2所示。

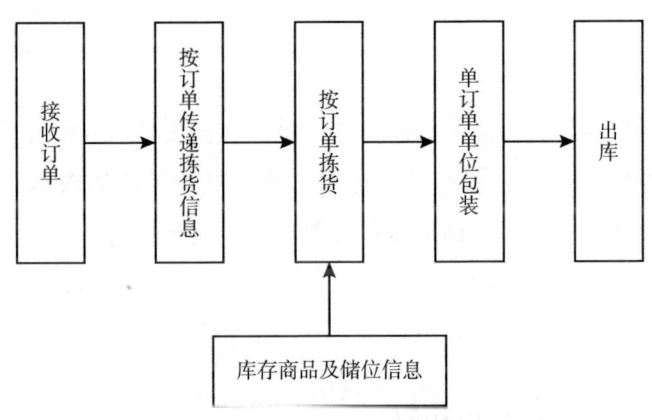

图5-2 摘果式拣选流程

2. 播种式拣选

播种式拣选是将多张订单集合成一批,按照商品品种类别加总后再进行拣货,然后依据不同的客户或不同订单分类集中的拣货方式,也称为批量拣取。播种法可以有效缩短拣选商品的行走时间,但是需要订单累积到一定数量才可一次性处理,存在停滞时间。播种法适合订单变化量小、订单数量庞大、商品外形规则且固定的情况。播种式拣选作业流程如图 5-3 所示。

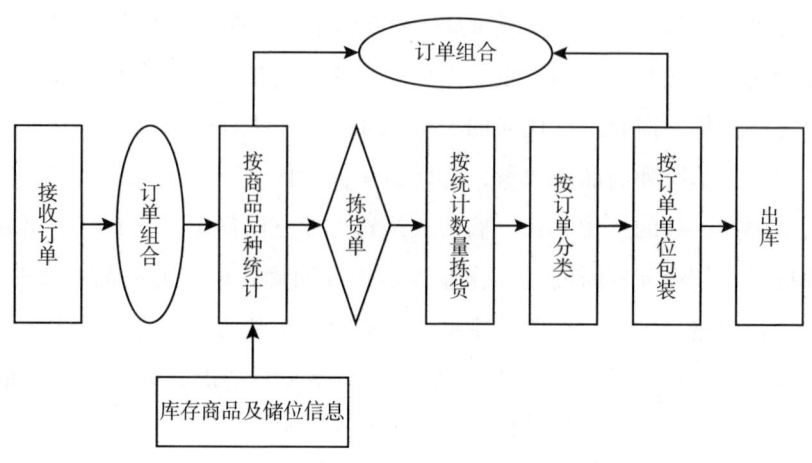

图 5-3　播种式拣选流程

3. 复合拣选

为综合摘果法和播种法的优劣，复合拣选法是采取将订单摘果拣选和播种拣选综合起来的复合拣选方式。复合拣选法根据订单的品种、数量和出库频次等确定哪些订单适用于摘果拣选，哪些适用于播种拣选，进行分别处理。冷链物流中心每天的客户订单数量较大，商品规格较为固定，商品种类较多，适用于复合拣选方式。

5.1.2　拣选方法比较

为了不断提高拣选效率，同时满足柔性制造和个性化定制制造的需求，人们归纳出了"基于订单的拣选""基于批量的拣选""复合拣选""整合按单分拣"等多种拣选方法，表 5-1 对这几种拣选方法进行了优劣比较，分析出各种拣选方法适用的不同场合，从而找到最优的拣选方法，提高拣选作业的效率，降低拣选作业的成本。

表 5-1　　　　　　　　　　拣选方法比较

分拣方式	优点	缺点	适用场合
按单分拣（摘果式）	（1）作业方法简单，前置时间短 （2）拣货后不进行分类工作 （3）作业人员责任明确，易组织	（1）货物品种多时，拣货行走路径加长 （2）拣货区域大时，补货及搬运系统设计困难	（1）订货数量较多，但货物品种较少的单张订单 （2）用户不稳定，波动较大 （3）用户之间需求差异很大 （4）用户配送时间要求不同，有紧急的，也有限定时间的
批量分拣（播种式）	（1）减少每个单品的巡回拣货时间 （2）增加了单位时间的拣货量 （3）缩短了拣货时行走搬运距离	（1）订单必须累积到一定数量才处理，因此对订单无法快速反应，容易出现停滞现象，从而延误紧急订单的处理 （2）前置时间长；批量拣选后还需按订单进行二次分货，增加人工搬运次数，且容易出现差错	（1）订单数量庞大的系统 （2）品种较多、重量较轻、数量较少的货物；用户稳定且数量较多；用户的需求有很强的共同性，需求的差异较少 （3）用户需求的种类有限，易于统计和不至于使分货时间太长；用户配送时间的要求没有严格限制，可以采取计划配送的方法
整合按单分拣	—	—	一天中每一订单只有一种品项
复合分拣	—	—	订单密集且订单数量大

5.1.3　分拣方法应用

1. 分拣单位的确定

利用每张订单货物数量分析方法对过去一年或一个月的资料进行统计，求出各分组货物的 IQ-PCB① 分析（IQ 即指 EIQ 分析中的 IQ，品项数量分析），如表 5-2 所示。

---

① PCB 分析，即以配送中心的各种接受订货的单位来进行分析，对各种包装单位的 EIQ 资料表进行分析，以得知物流包装单位特性。其中，P 表示托盘单位、C 表示箱单位、B 表示单品。

表 5-2　　　　　　　　　分拣系统单位组合

分拣单位	储存单位	入库单位	分拣单位	储存单位	入库单位
P	P	P	C	P, C	P, C
P, C	P, C	P	C, B	P, C, B	P, C
P, C, B	P, C, B	P	B	C, B	C, B

根据附录3中给定企业客户某日订单数据，可划分商品拣选的单位，如表5-3所示。

表 5-3　　　　　　　　　拣选单位分布

商品种类	需求量（件）	储存区域	拣选单位
八喜冰淇淋	17	冷冻区	C-B
白玉豚	13	冷冻区	C-B
刺身带子	8	冷冻区	C-B
帝王蟹	14	冷冻区	C-B
羔羊里脊	15	冷冻区	C-B
剑鱼柳	20	冷冻区	C-B
鲸龙鱼	4	冷冻区	C-B
蓝鳕鱼片	4	冷冻区	C-B
老冰棍	10	冷冻区	C-B
马迭尔冰棍冰淇淋	3	冷冻区	C-B
迷你龙虾	11	冷冻区	C-B
台湾香肠	3	冷冻区	C-B
特级雪花肥牛	8	冷冻区	C-B
鲔鱼下巴	4	冷冻区	C-B
味付螺肉	8	冷冻区	C-B
味付三文鱼皮	7	冷冻区	C-B
味付象拔蚌	5	冷冻区	C-B
鲜美猪肉上汤小云吞	10	冷冻区	C-B

续表

商品种类	需求量（件）	储存区域	拣选单位
小布丁（奶油）雪糕	42	冷冻区	C-B
小吞拿鱼罐头	5	冷冻区	C-B
伊利大奶糕	5	冷冻区	C-B
伊利奶提子雪糕	10	冷冻区	C-B
玉米猪肉水饺	6	冷冻区	C-B
原切肥牛卷	27	冷冻区	C-B
菠菜	8	冷藏区	C-B
胡萝卜	10	冷藏区	C-B
芹菜	5	冷藏区	C-B
上海青	8	冷藏区	C-B
茼蒿	6	冷藏区	C-B
香蕉	10	冷藏区	C-B
洋葱	6	冷藏区	C-B

2. 分拣方式的确定

在规划设计分拣作业之前，必须先对分拣作业的基本模式有所认识。分拣作业最简单的分拣方式就是按单分拣和批量分拣两种。按照出货品项的多寡及货物周转频率的高低，确定合适的分拣作业方式。配合 EIQ 的分析结果，按当日订单品项数（EN 值）及品项重复订购频率（IK 值）的分布判断货物项数的多寡和货物周转率的高低，以确定不同作业方式的区间。

原理：EN 值越大，表示一张订单所订购的货物品项数越多，货物的种类越多越杂时，批量分拣的分类作业越复杂，故采用按单分拣较好；相对地，IK 值越大，表示某品项的重复订购率越高，货物的周转率越高，故采用批量分拣可以大幅度提高分拣效率，如表 5-4 所示。

表 5-4　　　　　　　　　　分拣方式选定对照

EN 值	IK 值		
	高	中	低
多	S + B	S + B	S
中	B	B	S
少	B	B	B + S

注：S 为按单分拣，B 为批量分拣。

冷链物流中心订单分为电商零售城市配送和商超专配两类客户，以电商零售城市配送客户订单为例，分析电商零售城市配送的订单的 EN 值（如表 5-5、图 5-4 所示）和 IK 值（如表 5-6 和图 5-5 所示）。

表 5-5　　　　　　　　　　订单 EN 分布

每个订单订货种类	订单数量（个）	所占比率（%）
1	104	29.55
2	86	24.43
3	114	32.39
4	37	10.51
5	11	3.12

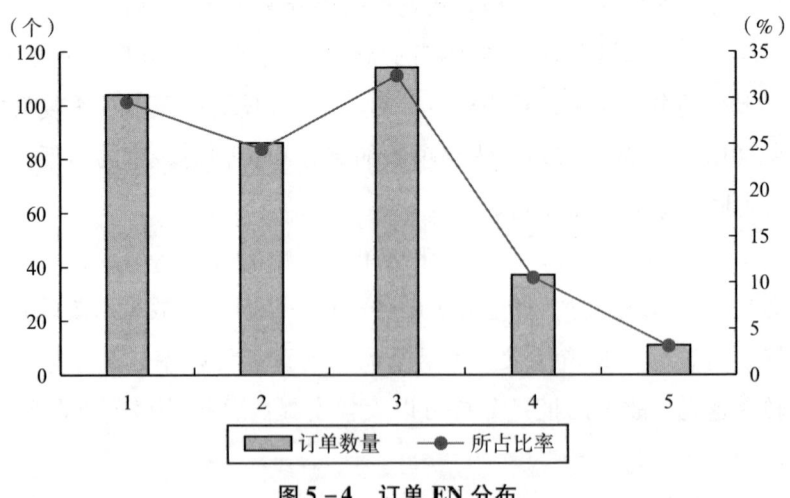

图 5-4　订单 EN 分布

表 5-6　　　　　　　　　订单 IK 分布

商品类型	受订次数（次）	累计受订次数占比（%）
寿司鱼生类	206	25.09
冷盘小食类	195	48.84
牛羊肉类	163	68.70
绿叶类	85	79.05
冰棒雪糕类	62	86.60
速冻食品类	54	93.18
海鲜水产类	37	97.69
根菜类	12	99.15
茄果类	4	99.63
瓜类	3	100.00

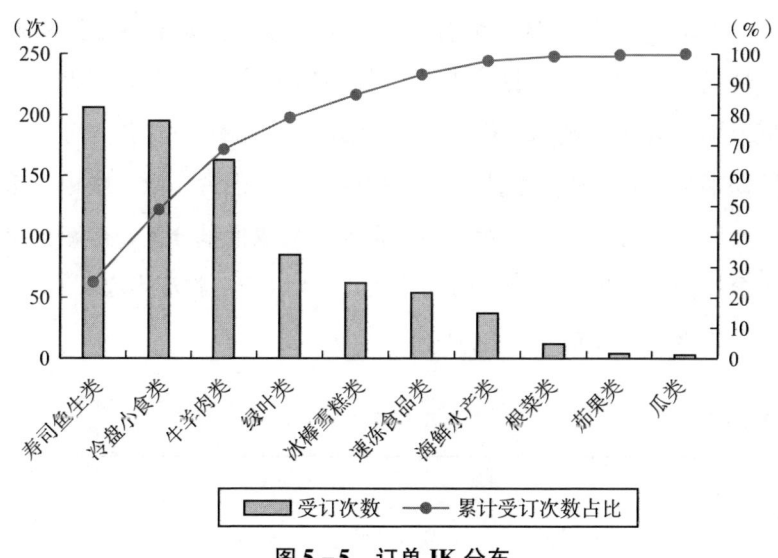

图 5-5　订单 IK 分布

EN 值越大，表示一张订单所订购的货物品项越多。货物的种类越多越杂时，批量分拣的分类作业越复杂，故采用按单分拣较好。由图 5-4 可知，电商客户一周内的订单所订购的品项数为 3 的订单数量所占比例较大，每个订单订购商品品项数相对较少，所以采用批量分拣的拣选方法。

3. 分拣作业方式的考核

图 5-6 中的第一项为每日订单数,主要考虑的因素为行走往复所花费的时间;第二项为每一天订单的品项数,考虑的是寻找货物货位的时间;第三项为一张订单每一品项的数量,考虑分拣货物所用的时间;第四项为每一品项一天的订单数,考虑同一品项重复被分拣所花费的时间。

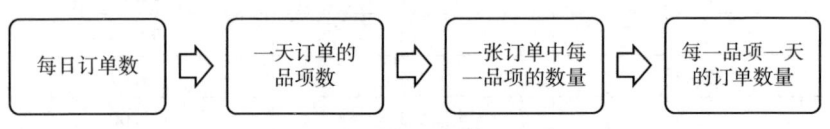

图 5-6 批量分拣与订单分拣考核要素

由表 5-7 可知,从左至右有多种组合形式,如果将分拣作业量多的情况用 A 表示,分拣作业量中等的用 B 表示,分拣作业量最少的情况用 C 表示,则 A-C-C-A 表示每日的订单很多,而订单品项数却很少,且一张订单中每一品项的数量也很少,但不断地被重复订购。所以,可将每一品项数加总合计,采取批量分拣,以减少重复行走分拣同一品项所耗费的时间,表 5-8 以冷链物流中心 9 月 10 日的订单为例进行分析。

表 5-7 考核要素

要素				订单要素
每日订单货品数	一天订单的品项数	一张订单中每一品项的数量	每一品项一天的订单数	
多(100 件/每日以上)	100 种以上	多(2 千克以上)	多(10 件/日以上)	(1)批量拣取用的订单 (2)订单拣选用的订单 (3)整合订单拣取用的订单
中(100 件/每日以下)	1 000 个以下	中(0.2 千克~3 千克)	中(3 件一下)	
少	少	少	少	

表 5-8　　　　　　　　　　　客户订单汇总

客户名称	商品编号	商品编码	商品名称	数量（件）
土豆***	1	2015	原切肥牛卷	5
	2	2016	羔羊里脊	2
	3	3003	味付螺肉	3
凯文***	1	2009	小布丁（奶油）雪糕	2
	2	2011	伊利大奶糕	2
	3	4003	白玉豚	5
	4	4008	帝王蟹	4
阳阳***	1	4003	白玉豚	3
	2	4018	迷你龙虾	4
稀饭***	1	2015	原切肥牛卷	4
	2	2016	羔羊里脊	3
	3	3003	味付螺肉	5
回忆***	1	4008	帝王蟹	1
	2	3013	小吞拿鱼罐头	2
	3	4002	鲸龙鱼	3
	4	2038	八喜冰淇淋	3
如梦***	1	2025	胡萝卜	10
	2	2022	香蕉	10
好又多***	1	2038	八喜冰淇淋	10
	2	4001	剑鱼柳	20
	3	2009	小布丁（奶油）雪糕	10
放下***	1	4003	白玉豚	3
	2	4018	迷你龙虾	2
	3	3008	味付三文鱼皮	3
bd99***	1	2009	小布丁（奶油）雪糕	3
	2	2011	伊利大奶糕	3
	3	4008	帝王蟹	2
	4	4002	鲸龙鱼	1

续表

客户名称	商品编号	商品编码	商品名称	数量（件）
把信***	1	2015	原切肥牛卷	6
	2	2016	羔羊里脊	2
	3	4008	帝王蟹	4
好像***	1	2015	原切肥牛卷	3
	2	2016	羔羊里脊	6
虎瘦***	1	4003	白玉豚	2
	2	4005	刺身带子	3
华润***	1	2009	小布丁（奶油）雪糕	20
	2	2012	老冰棍	10
	3	2005	鲜美猪肉上汤小云吞	10
	4	2010	伊利奶提子雪糕	10
bd49***	1	2009	小布丁（奶油）雪糕	1
	2	2006	玉米猪肉水饺	2
华润***	1	2026	茼蒿	6
	2	7008	菠菜	8
	3	2027	芹菜	5
冰依***	1	4018	迷你龙虾	2
	2	3007	味付象拔蚌	2
想你***	1	2029	特级雪花肥牛	3
	2	3008	味付三文鱼皮	2
杰哥***	1	4005	刺身带子	2
	2	2002	台湾香肠	1
bd72***	1	2009	小布丁（奶油）雪糕	2
	2	2006	玉米猪肉水饺	2
撞进***	1	3013	小吞拿鱼罐头	3
	2	2039	马迭尔冰棍冰淇淋	1
	3	2038	八喜冰淇淋	2

续表

客户名称	商品编号	商品编码	商品名称	数量（件）
末夕***	1	2009	小布丁（奶油）雪糕	1
	2	6005	蓝鳕鱼片	2
	3	6008	鲔鱼下巴	4
浪几***	1	4018	迷你龙虾	3
	2	3007	味付象拔蚌	1
心痛***	1	2029	特级雪花肥牛	3
	2	3008	味付三文鱼皮	2
Sun***	1	2015	原切肥牛卷	5
	2	2039	马迭尔冰棍冰淇淋	2
	3	2038	八喜冰淇淋	2
万小***	1	2015	原切肥牛卷	4
	2	2016	羔羊里脊	2
	3	3007	味付象拔蚌	2
清除***	1	4005	刺身带子	3
	2	2002	台湾香肠	2
卑微***	1	2009	小布丁（奶油）雪糕	3
	2	2029	特级雪花肥牛	2
	3	2006	玉米猪肉水饺	2
童话***	1	4008	帝王蟹	3
	2	6005	蓝鳕鱼片	2
每一***	1	7001	上海青	8
	2	2028	洋葱	6

由表 5-8 可知，9 月 10 日客户订单订购货品总数为 312 件，分拣货物数量较多，每一订单订购的货物品项较少（平均每张订单订购货物品项为 2~3 项）；9 月 10 日每一品项的订购数量约为 10 件。综上可知，9 月 10 日的分拣作业考核模式为 A-C-C-A，所以对于 9 月 10 日的拣选作业应选取批量拣选作业形式。

5.2 拣选策略

拣选策略是影响拣选效率的重要因素，拣选策略主要有四个关键因素：订单分类、订单分批、订单分割和订单分区。这四个关键因素相互影响，可确定出不同的拣选策略，而从众多拣选策略的优缺点对比中，可以精确结合各种策略的优点，分析得出最适合的拣选策略。具体策略分析如表5-9所示。

表5-9　　　　　　　　　　　拣选策略分析

拣货策略		优点	缺点
订单分区策略	拣货单位分区	可依各区不同的商品特性，设计储存、搬运方式，自动化的可行性增加	与入库储存单位不同时，补货作业需求增高，设备费用可能增加，空间需求加大
	拣货方式分区	可依商品需求的频率，设计分区拣货作业方式，使商品拣货处理趋于合理化	拣货信息处理较为复杂，系统设计难度增加
	工作分区	缩短拣货人员移动距离和寻找时间，增加拣货的速度	分区工作平衡必须时常检讨，拣货信息处理必须加快
订单分割策略		与分区策略配合，各区同时进行拣货，缩短完成时间。分区工作平衡性，对系统效率影响较接力式拣取小	集货作业需求增高
订单分批策略	总合计量分批	以总合计量一次拣出商品总量，可使平均拣货距离最短，提高拣货距离对端，提高拣货效率	必须经过功能较强的分类系统完成分类作业，订单数量不可过多
	时窗分批	将密集频繁的订单利用时窗分批处理，在拣货效率与前置时间中求得平衡点	时窗内订单数量变化不宜过大，订单品项数（EN）最好在个位数

续表

拣货策略		优点	缺点
订单分批策略	固定单量分批	维持稳定的拣货效率，使自动化的拣货，分类设备得以发挥最大功效	每批订单的商品种量不宜太大，且单项品项总量（IQ）过大时，形成分类作业的不经济性
	智能型分批	分批时考虑到订单的类似性及拣货路径的顺序，使拣货效率更进一步提高	智能型分批之软件技术层次较高不易达成，且信息处理的前置时间较长
订单分类策略	拣取分类	节省拣货后再分类的识别及取放时间	每批订单订货数量（EQ）及单项品项小较为适合，同时必须利用计算机辅助来降低错误发生
	集中人工分类	作业弹性较大，较不受订单商品总量（GIQ）变化的影响	若无适当的作业设计或核对，错误率可能较高，且费时、费人、费力
	集中输送机分类	替代人工操作，正确及稳定性较高	设备费用昂贵，较不具弹性，当订单、订货数量差异大时效率减低

5.2.1 订单分区策略

在设计及分拣分区之前，必须对储存分区进行了解规划，才能使整个系统的配合更加完善。图5-7是分区设计时的程序，每个分区考虑的因素和重点都不尽相同，但其基本理念都是由小到大、由浅入深的。

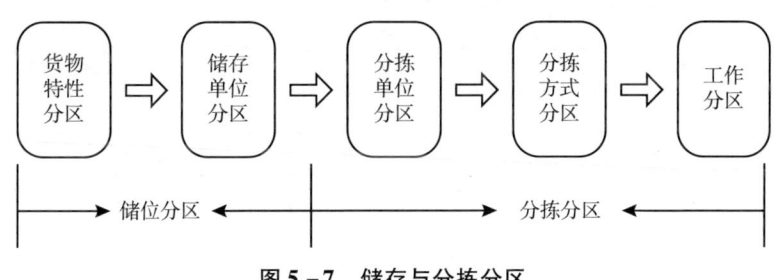

图5-7 储存与分拣分区

分区是指将拣选作业场地区域划分，按分区原则的不同有以下分区方式：

1. 按货品特性分区

货品特性分区就是根据货品原有的特性将需要特别存储搬运或分离储存的商品进行分区存放。在分拣单位确定的过程中，货物特性分组已将货物按其特性完成分类，接下来要做的就是根据不同的分组特性设计储存区域。表 5 - 10 根据所给的 29 张订单，按订单中的商品特性划分储存区域，以保证货物的品质在储存期间内保持一定。

表 5 - 10　　　　　　　　　订单储存区域

商品种类	数量（件）	储存区域
八喜冰淇淋	17	冷冻区
白玉豚	13	冷冻区
菠菜	8	冷藏区
刺身带子	8	冷冻区
帝王蟹	14	冷冻区
羔羊里脊	15	冷冻区
胡萝卜	10	冷藏区
剑鱼柳	20	冷冻区
鲸龙鱼	4	冷冻区
蓝鳕鱼片	4	冷冻区
老冰棍	10	冷冻区
马迭尔冰棍冰淇淋	3	冷冻区
迷你龙虾	11	冷冻区
芹菜	5	冷藏区
上海青	8	冷藏区
台湾香肠	3	冷冻区
特级雪花肥牛	8	冷冻区
茼蒿	6	冷藏区
鲔鱼下巴	4	冷冻区
味付螺肉	8	冷冻区

续表

商品种类	数量（件）	储存区域
味付三文鱼皮	7	冷冻区
味付象拔蚌	5	冷冻区
鲜美猪肉上汤小云吞	10	冷冻区
香蕉	10	冷藏区
小布丁（奶油）雪糕	42	冷冻区
小吞拿鱼罐头	5	冷冻区
洋葱	6	冷藏区
伊利大奶糕	5	冷冻区
伊利奶提子雪糕	10	冷冻区
玉米猪肉水饺	6	冷冻区
原切肥牛卷	27	冷冻区

2. 按储存单位分区

同一货物在特性分区内可能因储存单位不同而分别储放于两个以上的区域。这种按储存单位划分的区域称为储存单位分区。货物储存单位已经在分拣单位的决定中求出。因此，只需将货物特性分区中具有相同储存单位的货物集中，便可形成储存单位分区。

3. 按拣选单位分区

将拣选作业区按照拣选单位进行划分区域，如箱拣选、单品拣选、特殊商品拣选等，其目的是将储存单元和拣选单元分类统一，便于分拣和搬运，使拣选作业单纯化。在冷链物流中心中，拣选区根据拣选单位不同分为大件拣选区和小件拣选区。大件拣选区商品单箱单件，以箱为拣选单位；小件拣选区的商品以单箱多件，以件为拣选单位。

4. 按拣选方式分区

根据不同的拣选方式，将拣选作业区进行分区。通常以商品销售的 ABC 分类为原则，按照 ABC 分类结果确定拣选方式后确定拣选分区。其目的是使拣选作业单纯一致，减少不必要的重复行走时间。分拣方式在此除有批量分拣和按单分拣的区别外，还包括搬运、分拣机器设备等差异。如果想在同一个分拣单位分区之内采取不同的分拣方式和设备，就必须考虑分拣方式的分区。

5. 按工作分区

在相同的拣选方式下，将拣选作业场地再做划分，有固定的组员负责分拣固定区域的商品。工作分区有利于组员对储位的记忆并减少运动距离，减少拣选时间，但是需要投入大量的人力，并且在一张订单需要多区拣选时，还需要二次合并，手续较为烦琐。计算公式如下：

工作分区数 = 总分拣能力需求/单一工作分区预估分拣能力

$$(5-1)$$

5.2.2 订单分割策略

订单分割策略是依据分区策略而制定的。一般订单分割策略主要在于配合分拣分区的结果，因此在分拣单位分区、分拣方式分区及工作分区完成之后，应确定订单分割的大小范围。订单分割既可以在原始订单上做分离设计，也可以在订单接受之后做分离的信息处理，图 5 - 8 ~ 图 5 - 10 介绍了几种订单分割的方法。

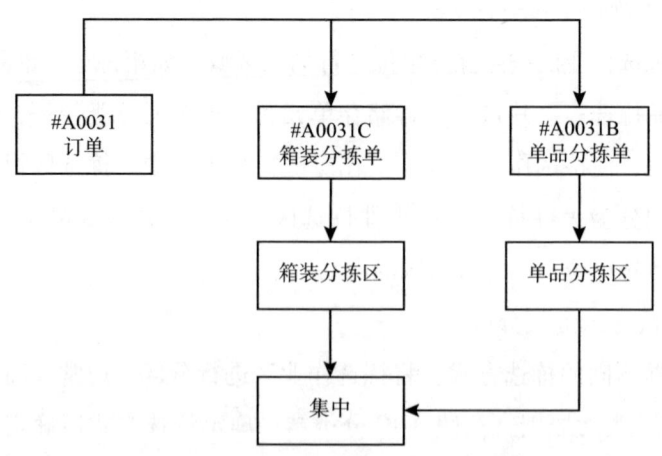

图 5 - 8　分拣单位分区的订单分割策略

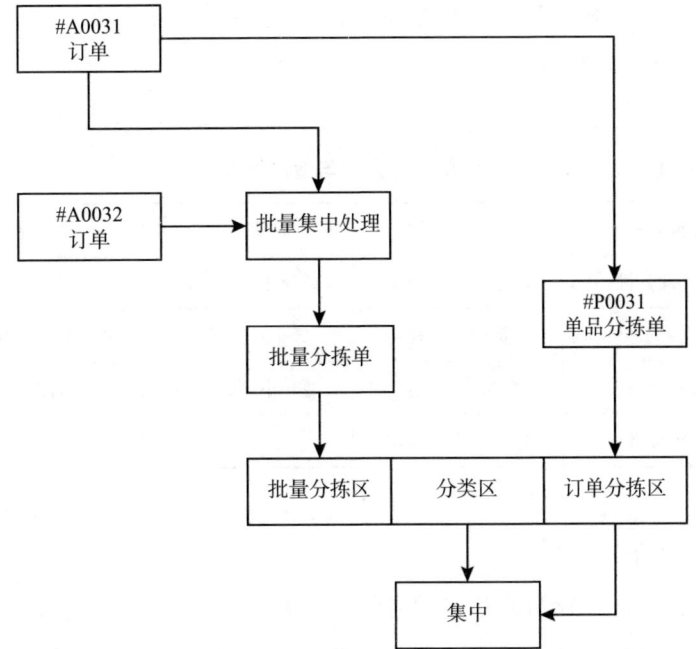

图 5-9 分拣方式分区的订单分割策略

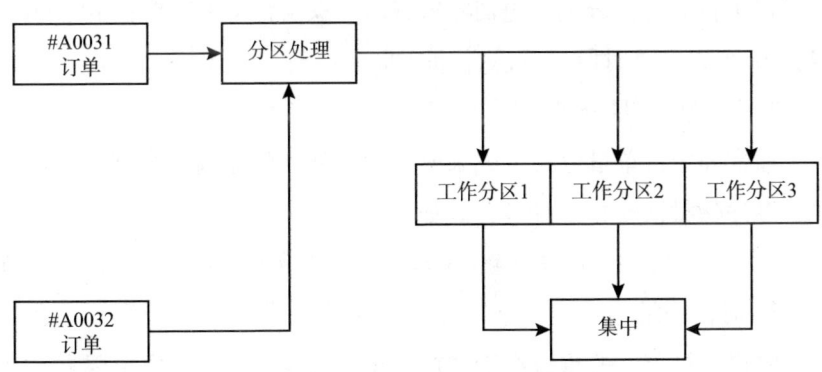

图 5-10 工作分区的订单分割策略

5.2.3 订单分批策略

在批量分拣作业方式下，如何确定订单分批的原则和批量的大小，是影响分拣效率的主要因素。下面将详细介绍订单分批策略的应用。一般可以根据配送客户数量、订货类型以及需求频次三个条件，选择合适的订单分批方式，如表 5–11 所示。

表 5–11　　　　　　　　订单分批方式与适用情况

分批方式	配送客户数量	订货类型	需求频次
总合计分批	数量较多且稳定	差异小而数量大	周期性
固定订单量分批	数量较多且稳定	差异小且数量不大	周期性或非周期性
时窗分批	数量多且稳定	差异小且数量小	周期性
智能分批	数量较多且稳定	差异较大	非即时性

1. 总合计分批

总合计分批较为简单，只需将所有客户需求的货物数量进行统计汇总，由仓库中取出各项货物需求总量，再进行分类作业即可。冷链服务中心的商超专配的订单平稳期在 14：00～21：00，所以在该时段可以进行总合计分批；电商零售城市配送的订单平稳期在 14：00～24：00，可以在该时段进行总合计分批。

2. 固定订单量分批

通常固定订单量分批方式采取先到先处理的原则，按订单到达的先后顺序做批次安排。计算公式如下：

$$订单总数/固定量 = 分批次数 \qquad (5-2)$$

3. 时窗分批

时窗分批方式的重点在于时窗大小的决定，决定的主要因素是客户的预期等候时间及单批订单的预期处理时间（冷链物流中心的作业时窗以及作业时段见第 3 章）。计算公式如下：

$$作业总时间/时窗（TW） = 分批次数 \qquad (5-3)$$

4. 智能分批

智能分批是技巧性较高的一种分批方式，适合仓储面积大、储存项目多的分拣区域。订单通常在前一天汇集后，经过计算机处理，将订货品项相近或分拣路径一致的货物分为一批。

5.2.4 订单分类策略

采取批量分拣作业方式时，必须有分类作业与之配合，而且不同的订单分批方式其分类作业的方式也有所不同。分类方式可分为分拣时分类和分拣后分类两种。

（1）分拣时分类。在分拣的同时将商品按照订单分类，这种方式时常与固定订单量分批和智能分批联合使用，适合于订货数量少、订货品项少的订单形态。

（2）分拣后分类。分拣后分类可以由分类传送机完成或者在空地上以人工方式完成。当订单品种数量较多时，可以采取分拣后分类形式。

冷链物流中心采取的是"货到人"的拣选方式，"货到人"拣选技术具有高效的优势。首先，"货到人"拣选作业的效率一般是人工拣选的 8~15 倍，其次，"货到人"拣选具有极高的准确性，系统通过配合电子标签、RFID、拣选站台、称重系统等辅助拣选系统，有效地降低拣选的出错率。所以，在"货到人"的系统下，更适合分拣时分类，在分拣台拣选时按订单进行分类。

5.2.5 拣选策略组合

拣选作业中拣选策略尤其重要。拣选策略主要有 4 个关键因素：订单分区、订单分割、订单分批和订单分类。根据这 4 个关键因素的交互作用，可产生不同拣选策略，如图 5-11 所示。

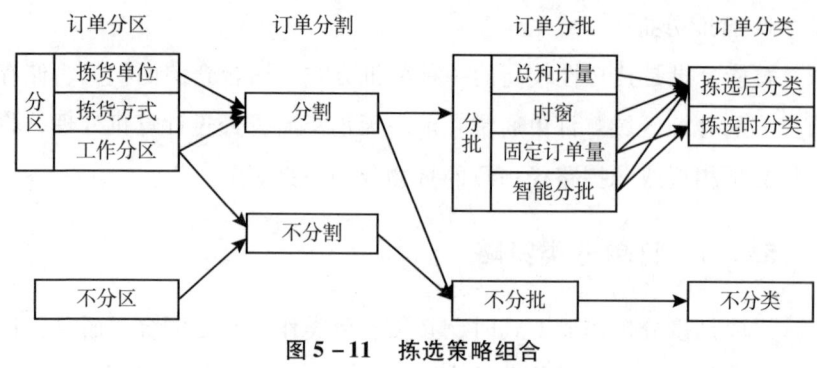

图 5-11 拣选策略组合

5.3 拣选策略模型设计

通过对拣货策略的优缺点进行综合的分析评价，综合选择出恰当的拣选策略，并在仿真系统中进行验证分析，具体流程[70]如图 5-12 所示。

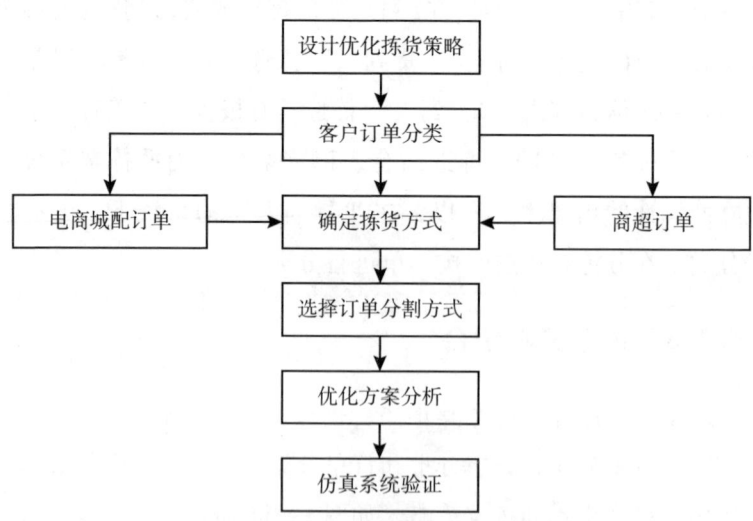

图 5-12 拣货策略设计流程

5.3.1 拣货方式的划分

设计拣货作业计划之前，首先确定拣货方式，合理的拣货方式可以减少不必要的拣货路径，从而达到节约时间，降低成本的效果。

拣货方式主要分为：按单拣货、批量拣货和复核拣货。在实际操作中，按照拣货方式的适用范围选择合适拣货方式，例如：用户稳定而且用户数量较多的专业性配送中心，需求数量可以有差异，配送时间要求也不太严格，但品种共性要求高，选择批量拣货。根据各个区域的不同特性，选取不同的拣货方式，具体情况如表5-12所示。

表5-12　　　　　　　　　　　拣货方式

订单拣货区域	拣货方式
水平回转货架区	按单拣货
自动化立体货架区	批量拣货
托盘（重型）货架区	批量拣货

5.3.2 订单分割的应用

出库作业中的订单信息处理主要是指订单到达物流中心后，调度员需要结合专业知识对订单进行审核、分区、分割、分批、货位安排、分类等，并将在系统中录入。订单信息处理时出库作业的核心工作，是快速响应客户订单的前提保障。

（1）首先对于客户进行分类，将其订单划分为电商零售城市配送订单与商超订单两大部分，根据不同订单上所对应商品的存放区域不同，划分为托盘货架区、自动化立体货架区、水平回转货架区等，不同区域的订单，如表5-13和表5-14所示。

表 5-13　　　　　　　　　　企业客户订单

订单编号	客户编号	客户名称	商品编码	商品名称	数量（件）	订单拣货区域
7	CUS18010093	好又多***	2038	八喜冰淇淋	10	自动化立体货架区
			4001	剑鱼柳	20	
			2009	小布丁（奶油）雪糕	10	
13	CUS18010468	华润万家古***	2009	小布丁（奶油）雪糕	20	自动化立体货架区
			2012	老冰棍	10	
			2005	鲜美猪肉上汤小云吞	10	
			2010	伊利奶提子雪糕	10	
29	CUS18010286	每一天便利店***	7001	上海青	8	托盘（重型）货架区
			2028	洋葱	6	

表 5-14　　　　　　　　电商零售城市配送订单

订单编号	客户编号	客户名称	订单拣货区域
1	CUS17052011	土豆***	水平回转货架区
2	CUS17052080	凯文***	水平回转货架区
3	CUS17103026	阳阳***	水平回转货架区
4	CUS17091157	稀饭***	水平回转货架区
5	CUS17020191	回忆中的***	水平回转货架区
6	CUS17050425	如梦***	水平回转货架区
8	CUS17110145	放下***	水平回转货架区
9	CUS17082403	bd99***	水平回转货架区
10	CUS17021042	把信任***	水平回转货架区
11	CUS17020214	好像***	水平回转货架区

续表

订单编号	客户编号	客户名称	订单拣货区域
12	CUS17020256	虎瘦 ***	水平回转货架区
14	CUS17010001	bd49 ***	水平回转货架区
16	CUS17020028	冰依 ***	水平回转货架区
17	CUS17110157	想你时 ***	水平回转货架区
18	CUS17110107	杰哥 ***	水平回转货架区
19	CUS17021119	bd722 ***	水平回转货架区
20	CUS17021321	撞进 ***	水平回转货架区
21	CUS17021050	末夕 ***	水平回转货架区
22	CUS17041032	浪几 ***	水平回转货架区
23	CUS17021065	心痛 ***	水平回转货架区
24	CUS17020574	Sun ***	水平回转货架区
25	CUS17020489	万小 ***	水平回转货架区
26	CUS17021128	清除 ***	水平回转货架区
27	CUS17020117	卑微 ***	水平回转货架区
28	CUS17020125	童话 ***	水平回转货架区

（2）经过系统的分配，29 张订单又根据其商品存放位置的不同划分为 38 张拣货单。同时因选定的 29 张订单中，水平回转货架区区域的订单分布占绝大多数，因此应对其进行细致的拣货策略分析，有效降低拣货的时间，提高拣货效率。

经调研得知，水平回转货架共有三个拣货台，每个拣货台同时只能处理 12 张拣货单，拣货口分别为 PS01、PS02、PS03，每个拣货台同时可放置 12 个周转箱。具体分布如表 5 - 15 所示。

表 5-15　　　　　　　　　拣货单分布

拣货单编号	所处区域	拣货单数量（张）	拣货区域	拣货口
PK2020103100291 – PK2020103100302	冷冻库区	12	水平回转货架	PS01
PK2020103100303 – PK2020103100314	冷冻库区	12	水平回转货架	PS02
PK2020103100315 – PK2020103100323	冷冻库区	9	水平回转货架	PS03
PK2020103100324 – PK2020103100326	冷藏库区	3	（重型）托盘货架	
PK2020103100327 – PK2020103100328	冷冻库区	2	中型货架	

5.3.3　聚类分析模型的建立

在冷链物流中心系统中，在订单分区和订单分割策略设计上较为固定，因而策略制定在柔性较强的订单分批优化，选择合适、高效的订单分批策略。

在批量订单到达后，选择"最合适"的订单进行合并形成批次订单，通过批次拣选有效提高运营效率，降低运营成本。本书以各批次订单的平均相似度之和极大化为目标的订单分批策略中，"最合适"的订单为相似性订单。

1. 订单相似度计算

将每个订单中的物品种类表示成一个 n 维向量 A_i，根据两个订单的物品种类向量，计算两个订单直接的相似度 S_{ij}，如式（5-4）所示：

$$S_{ij} = \frac{A_i^T A_j}{A_i^T A_i + A_j^T A_j - A_i^T A_j},$$

$$A_i = (a_{i1}, a_{i2}, \cdots, a_{in})^T, \quad (5-4)$$

$$a_{im} = \begin{cases} 1, & \text{第 } i \text{ 个订单中有 } m \text{ 类商品}(m=1, 2, \cdots, n) \\ 0, & \text{其他} \end{cases}$$

2. 聚类模型的建立

聚类分析是将分类对象按照一定的规则分成若干个小组，以便于后续按照小组进行操作,订单分批问题的聚类是通过一定的聚类准则,将订单分成不同的类别,然后按照批次对订单进行拣选,因此可以根据两两之间的相似系数,使分在同一批的订单之间的相似度尽可能地大,各批订单的平均相似度之和极大化,据此建立聚类分析模型。

(1) 模型假设。

①一个订单包含的品项数至少为1;

②订单不允许被分割,一个订单只能在一个批次里;

③不存在缺货的情况。

(2) 模型参数。参数说明如表5-16所示。

表5-16 参数说明

参数	说明
V	订单总数量
e	批次数量
N	每个批次中订单的最大数量
i	第i个订单
S_{ij}	两个订单的相似度
X_{ik}	第i个订单被分在k个波次
X_{jk}	第j个订单被分在k个波次

(3) 目标函数。订单物品相似度模型根据订单之间的相似度建立关系,计算出各个订单之间的相似度,订单之间的相似度越大,说明订单中相同的物品越多,将相似度大的订单分在同一批中进行拣选。因此,在将订单进行分批时,应该使分在同一批的订单之间的相似度尽可能地大。各批订单的平均相似度之和极大化。可建立相关目标函数如式(5-5)所示:

$$\max Z = \sum_{k=1}^{e} \left(\frac{\sum_{i=1}^{V} \sum_{i=1}^{V} S_{ij} X_{ik} S_{jk}}{(\sum_{i=1}^{V} X_{ik})^2} \right) \quad (5-5)$$

(4) 约束条件。约束条件如式（5-6）所示：

$$s.t. = \begin{cases} \sum_{k=1}^{e} X_{ik}, i = 1, 2, \cdots, V; \\ \sum_{i=1}^{V} X_{ik} \leqslant N, k = 1, 2, \cdots, e; \\ \sum_{i=1}^{V} X_{ik} \geqslant 2, k = 1, 2, \cdots, e; \\ X_{ik} = 0, 1, i = 1, 2, \cdots, V; k = 1, 2, \cdots, e \end{cases} \quad (5-6)$$

约束条件1表示每个订单恰好被分到一个批次中；约束条件2表示每批订单中的订单数不超过N；约束条件3表示每批订单中的订单数不少于2个；约束条件4是变量的取值约束。

(5) 分析结果。通过LINGO程序对上面建立的模型进行求解（具体程序见附录4），可得订单的分批情况如表5-17所示。

表5-17　　　　　　　　　分批结果

优化分批	订单编号
第一批次	1、4、10、11、25
第二批次	2、5、6、9、13、14、19、20、21、24、27、28、
第三批次	3、8、12、16、17、18、22、23、26
第四批次	7、15、29

5.3.4　仿真系统验证

据原始方案及优化方案进行多次反复试验，取其平均耗时作为指标，综合得出仿真系统的验证结果，如表5-18所示。

表 5-18　　　　　　　　仿真系统验证

策略	订单分割方式	仿真耗时
原始方案	时间顺序	16 分 38 秒
优化方案	订单相关性聚类分析	15 分 43 秒

由表 5-18 可以得出，基于订单内商品的相关性进行订单分割，可以使得拣货作业中水平回转货架转动距离缩短、耗时减少，从而有效降低分拣作业的耗时。

5.4　方案合理性与经济性分析

5.4.1　合理性分析

原始订单的分批中，大多根据订单的先后顺序进行分配，仅进行有限的订单相关合并，针对这一现状，结合基于商品相关性分析的储位规划策略，以及订单相关性聚类分析的拣货策略，制定这一方案。

根据冷链物流中心的配送时点及配送时长，动态划分订单时窗，采用基于订单内商品的相关性的聚类模型分析，并且根据具体需求对其细化，制定综合的订单分批策略，能够保证拣货作业的高效进行，客户订单满足"24 小时送达"服务需求。

5.4.2　经济性分析

1. 成本构成

根据成本调研可知，拣货作业相关的成本组成如表 5-19 所示。

表 5-19　　　　　　　　　　拣货作业成本

成本类型	成本科目	科目名称	成本值（元）
按次计费设备成本	打印纸张	打印纸张单次费用	0.1
	打印标签	打印标签单次费用	0.2
	周转箱	周转箱使用单次费用	1
	单层手推车	单层手推车单位时间费用	0.5
	双层手推车	双层手推车单位时间费用	0.5
分拣系统运行成本	拣货台	拣货台单位时间费用	1
	打包台	打包台单位时间费用	1
	分包台	分包台单位时间费用	1
	动力输送线	动力输送线单位时间费用	1
	自动立体库	自动立体库单位时间费用	2
	水平回转库	水平回转库单位时间费用	5
作业人员计时成本	储运主管	存储主管单位时间费用	0.3
	管理员	管理员单位时间费用	0.3
	制单员	制单员单位时间费用	0.3
	配货员	配货员单位时间费用	0.3
	复核打包员	复核打包员单位时间费用	0.3

对两种策略进行成本分析，会发现由于按次计费的设备成本是构成这一作业的基本要求，因此这部分成本相同。

在分拣系统运行成本中，带来差异的应当是水平回转货架的单位时间费用成本，由于第二种优化方案中运用相关性对订单内商品进行有效的分析，因此水平回转货架的转动的距离减少，运行时间存在一定程度的缩短，节约了成本，并且提高了拣货的效率。

在作业人员计时成本中，配货员的工作时间会有所降低，但是所带来的工作强度是相同的，出于对员工的体贴，这部分成本降低可以忽略不计。

2. 效率

基于需要拣货的订单数量是一定的，减少水平回转货架的转动距离，就能够降低拣货作业的时长，从效率方面来考量，毫无疑问耗时最少的方案就是效率最高的，从耗用时间的对比来看，第二种优化方案也存在明显的优势，在 29 张出库订单的拣货量中，比原始拣货策略节约了 1 分钟左右的时间，对于每天处理大量订单的冷链物流中心来说是十分有效的。

▶第 6 章◀

补货作业设计

根据《物流中心作业通用规范》GB/T 22126-2008 定义,补货作业是指从保管区将物品移到拣选区域,并作相应信息处理的活动。具体指配送中心拣货区的商品存量低于设定标准的情况下,将商品从保管区搬至拣选区的作业活动。补货作业是为了在正确的时间将正确的商品从保管区送到指定的拣货区,以及时满足客户订单需求,提高拣货效率。

6.1 问 题 分 析

通过对冷链物流中心消费需求的分析,发现其具有"多品种、小批量、多批次、短周期"的特点,订单基本全部为拆零订单,大量的拆零拣选作业会伴随产生大量的补货作业,补货作业的执行效率也会直接影响拣选作业的效率,影响订单执行效率。因此是否高效、准确、及时地由保管区向动管区进行补货作业,会直接影响到拣货以至于整个出库作业能否顺利进行。所以选择适当的补货作业策略对于减少不必要的等待时间的浪费,以及提高整个物流中心的运作效率尤其重要[70][71]。

而通过对订单的分析发现,部分商品同时订购频次较高,若将同时订购频次较高的商品存放于同一列货架或者相近货架，且在出库时尽可能选择该货架进行拣货，可有效减少水平回转货架的旋转次数和拣货距离，从而降低成本。提及商品相关性容易联想到经典的"啤酒与尿布"的故事。沃尔玛将看上去没有联系的商品摆放在一起销售却获得不错的收益，究其原因是沃尔玛根据历史的销售记录对商品进行数据挖掘，找到不同商品之间的相关性，即对商品进行相关性分析。

6.2 基于 Apriori 算法的商品相关性分析

冷链物流中心拣货区所有商品都采用随机存储策略，并且商品的出库货位也由系统随机选择，该类拣选作业效率低、成本较高[72]。

本书主要借助 SPSS Modeler 软件运用 Apriori 算法[73][74]，针对电商零售城市配送订单中的牛羊肉类商品进行相关性分析，从而挖掘电商零售城市配送牛羊肉类商品的关联规则，找出其中相关性高的商品，并为表 6-1 中的商品制定补货作业方案提供参考依据。

表 6-1　　　　　　　　补货商品信息

商品编码	商品名称	年需求量（件）	日需求量标准差（件）	单次订货成本（元）	年存储费用（元）	补货提前期（天）
2015	原切肥牛卷	5 740	6.13	5	5	2

6.2.1 关联规则相关概念

关联规则为数据挖掘领域的重要研究分支，即研究数据间关系，如何提升数据挖掘效率，在海量的数据信息中寻找有用的数据信息。关联分析的目的就是要寻找事物之间的联系，发现他们的关联关系。

关联规则：$X \Rightarrow Y$，其中 $X \subseteq I$，$Y \subseteq I$，且 $X \cap Y \neq \phi$。设 $I = (I_1, I_2, I_3, \cdots, I_m)$ 为所有数据项集合，其中 $I_k(1, 2, 3\cdots, k)$ 为项，而项的集合为项集。如果包括 K 数据项目集合，称之为 K-项集。每一个事务称为一个项集 T（transaction），不同的事务构成一个事务集合 D，即事务数据库。

应用关联规则挖掘品项相关性，即寻找订单数量大于设定的最小支持度和最小置信度的品项，若大于则认为品项具有强相关性，小于则认为是弱相关。而商品的关联性一般由支持度和置信度两个参数进行判别。

（1）支持度。按照数学定义，集合 X 在事务集 D 中支持度表示在事务集任取一个事务包含 X 概率。所谓支持度，实际为获取概率，关联规则 $X \Rightarrow Y$ 支持度 D 表示为：

$$Support(X \Rightarrow Y) = Support(X \cup Y) = \frac{|\{T | T \in D and (X \cup Y) \subset T\}|}{|D|}$$

$$(6-1)$$

（2）置信度。假设在事务集 D 中支持 X 项集的事务中，同时也以 $k\%$ 的概率支持事务 Y，则称之为 $X \Rightarrow Y$ 的可信度。公式表示如下：

$$Confidence(X \Rightarrow Y) = \frac{Support(X \cup Y)}{Support(X)} = \frac{|\{T | T \in D and (X \cup Y) \subset T\}|}{|\{T | T \in D and (X) \subset T\}|}$$

$$(6-2)$$

6.2.2 算法实现

1. Apriori 算法的简单介绍

目前关联规则分析的经典算法主要包括 Apriori 和 FP-tree 算法，其中 Apriori 算法是在关联规则挖掘中应用最广泛的算法之一，它是一个生成候选项集、消除低于支持度的候选集产生频繁项集，并不断循环直到不再产生新的频繁项集的算法。Apriori 算法后面生成的频繁项集都是基于上一步已生成的频繁项集推导出来的，减少了没有意义的频繁项集。

2. Apriori 算法的步骤

一般而言,关联规则的挖掘是一个两步的过程:

(1) 寻找所有的代替项集。

(2) 由过量集产生强关联规则。

具体步骤如图 6-1 所示。

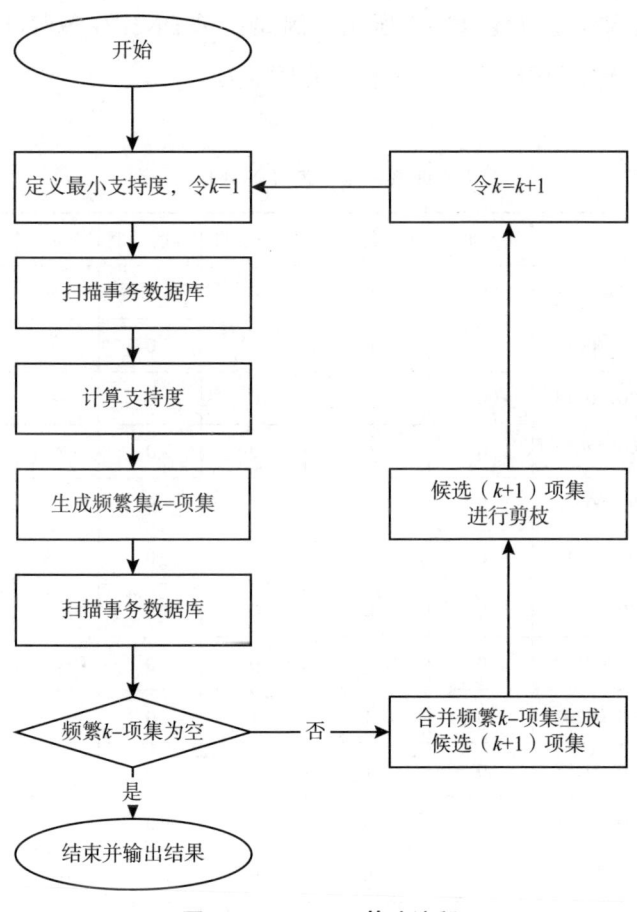

图 6-1　Apriori 算法流程

3. 数据预处理

为了方便分析商品在订单中是否被订购的信息，对数据经过简单的加工预处理。其中 1 表示在订单中商品被订购，0 表示订单中未订购该商品，牛羊肉类商品数据为 213×12 的布尔型数据。

对牛羊肉类商品订单数据和商品信息进行分析整合处理，经过处理后的数据更能明显地反应出不同种类牛羊肉类商品在订单中的订购情况，由于数据量比较大，本书仅截取了部分数据进行展示说明，得到订单—品项表（部分）如表 6-2 所示。例如订单 ON2F2FF9F7FFFTT 中，购买了"羔羊里脊"，在表中相应的显示为 1。

表 6-2　　　　　　　　订单—品项表（部分）

订单编号	战斧牛排	原切肥牛卷	羔羊里脊	美国肥牛	……	法式羊排
ON2020090700001	0	0	0	0	……	0
ON2020090700011	0	0	1	0	……	0
ON2020090700013	0	1	0	0	……	0
ON2020090700053	0	0	0	0	……	0
ON2020090700058	0	1	1	0	……	0
ON2020090700115	0	0	1	0	……	0
ON2020090700120	0	0	0	0	……	0
ON2020090700127	0	1	0	0	……	0
ON2020090700201	0	1	1	0	……	0
ON2020090700258	0	1	1	0	……	0
ON2020090700268	1	0	0	0	……	0
ON2020090700315	0	0	0	0	……	0
ON2020090700330	0	0	1	0	……	0
ON2020090700345	0	0	0	0	……	0

第6章 补货作业设计

续表

订单编号	战斧牛排	原切肥牛卷	羔羊里脊	美国肥牛	……	法式羊排
ON2020090700415	0	1	1	0	……	0
ON2020090700520	0	1	1	0	……	0
ON2020090700527	0	0	0	0	……	0
ON2020090700601	0	0	1	0	……	0
ON2020090700620	0	0	0	0	……	0
ON2020090700644	0	1	0	0	……	0
ON2020090700678	0	0	1	0	……	0
ON2020090700712	0	0	0	0	……	0
ON2020090700725	0	1	1	0	……	0
ON2020090700758	0	1	0	0	……	0
ON2020090700769	0	0	0	0	……	0
ON2020090700854	0	0	0	0	……	0
ON2020090700869	0	1	1	0	……	0
ON2020090700905	0	1	0	0	……	0
ON2020090700921	0	0	1	0	……	0
ON2020090700934	1	0	0	0	……	0
ON2020090800001	0	0	0	0	……	0
ON2020090800010	0	0	0	0	……	0
ON2020090800015	0	0	0	0	……	0
ON2020090800028	0	1	1	0	……	0
ON2020090800040	0	1	0	0	……	0
ON2020090800062	0	0	1	0	……	0
ON2020090800085	0	0	0	0	……	0
ON2020090800101	0	0	1	0	……	0

续表

订单编号	战斧牛排	原切肥牛卷	羔羊里脊	美国肥牛	……	法式羊排
ON2020090800106	0	1	0	0	……	0
ON2020090800110	0	0	0	1	……	0
ON2020090800114	0	1	1	0	……	0
ON2020090800116	0	0	0	0	……	0
ON2020090800122	0	0	1	0	……	0
ON2020090800128	0	0	1	0	……	0
ON2020090800130	0	1	1	0	……	0
ON2020090800132	0	0	0	1	……	0
ON2020090800139	0	1	1	0	……	0
ON2020090800168	0	1	1	0	……	0
ON2020090800172	0	0	0	0	……	0
ON2020090800191	1	0	0	0	……	0
ON2020090800200	0	1	1	0	……	0
ON2020090800202	0	0	0	0	……	0
ON2020090800231	0	1	1	0	……	0
ON2020090800281	0	0	0	0	……	0
ON2020090800310	0	1	1	0	……	0
ON2020090800325	0	0	0	0	……	0
ON2020090800433	0	0	0	0	……	0
ON2020090800471	0	1	1	0	……	0
ON2020090800624	1	1	0	0	……	0
……	……	……	……	……	……	……
ON2020091300271	0	0	0	0	……	1
ON2020091300296	0	0	0	1	……	0

4. 基于 MALAB 的算法代码实现

将预处理好的数据以布尔矩阵的形式，导入 MALAB 中，然后调用 Apriori 算法，将支持度设为 0.03，置信度设为 0.4，完成对牛羊肉类商品订单关联规则的挖掘，完整程序见附录 5。

5. 基于 SPSS Modeler 的数据分析

（1）使用网络图节点进行分析。在预处理过的数据基础上，选择网络节点，以展示两个或两个以上字段值之间关系的紧密程度，具体设置如图 6-2 所示。

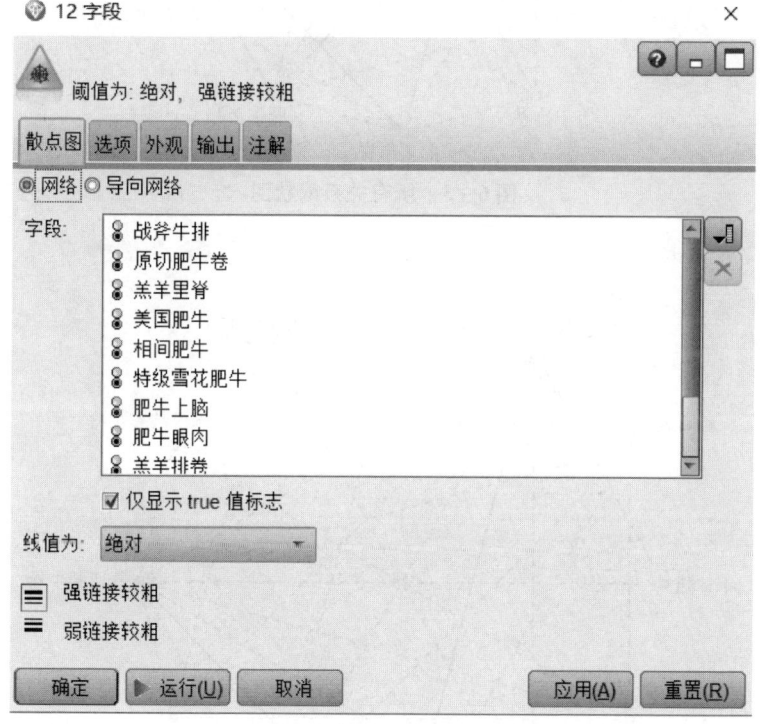

图 6-2 网络节点属性设置

对于牛羊肉类商品进行关联性分析，不断调整关系参数，得到以下关系网状图，所有关系如图 6-3 所示，弱连接关系如图 6-4 所示，中连接关系如图 6-5 所示，强连接关系如图 6-6 所示。

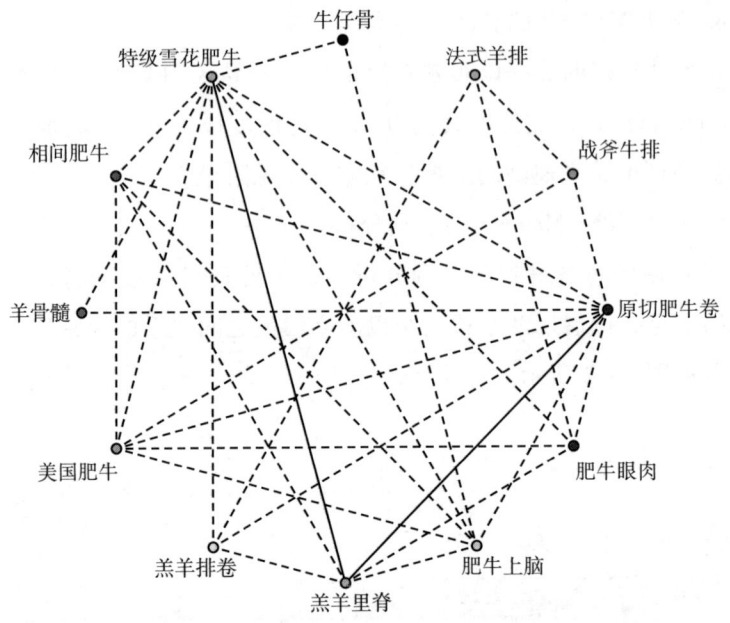

图 6-3 所有关系网状图

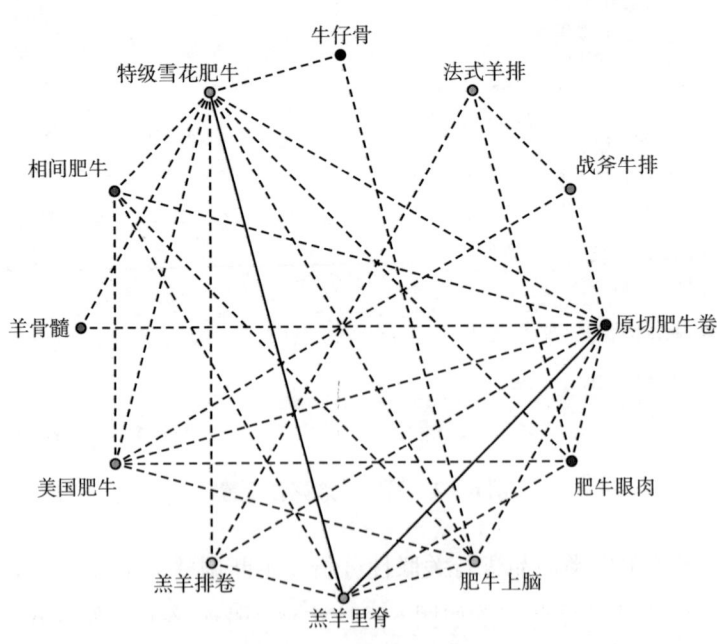

图 6-4 弱连接关系网状图

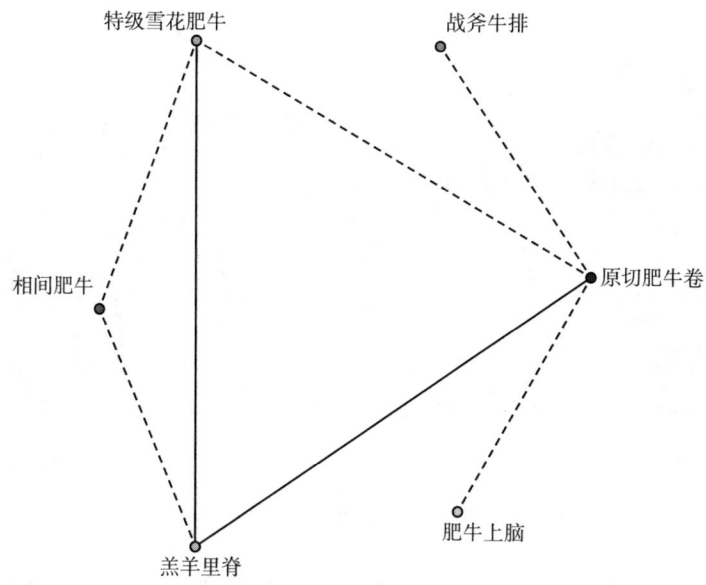

图 6-5 中连接关系网状图

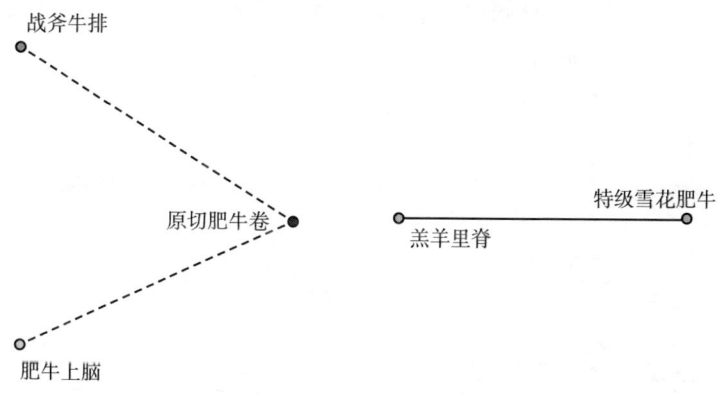

图 6-6 强连接关系网状图

通过以上网状图，可以看出肥牛上脑、战斧牛排、原切肥牛卷、羔羊里脊、特级雪花肥牛这几种商品的连接强度比较高。

（2）使用 Apriori 模型进行关联分析。使用 Apriori 模型对牛羊肉类商品做关联分析。首先添加"类型"节点，改变各字段的角色为"任意"，表示在建模中各变量既是条件也是结果，具体设置如图 6-7 所示。

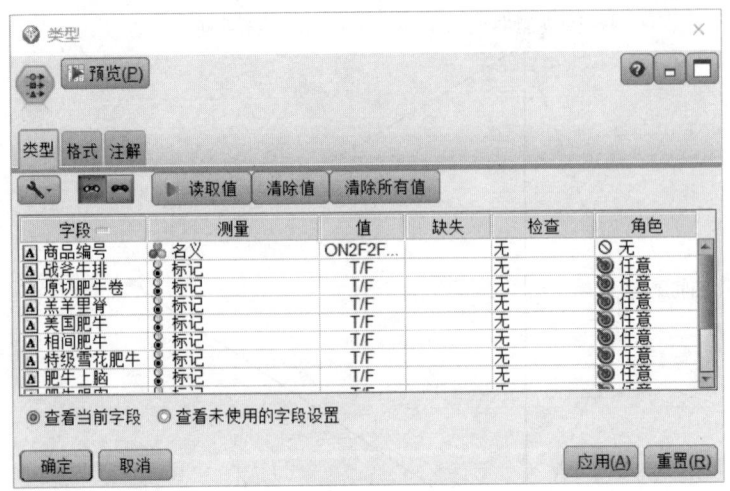

图 6-7 角色节点设置

在模型里面选择 Apriori 节点，运用 Apriori 算法对这几种商品的关联性进行分析，根据题目所给的置信度设置为 0.4，支持度设置为 0.03，具体设置如图 6-8 所示。

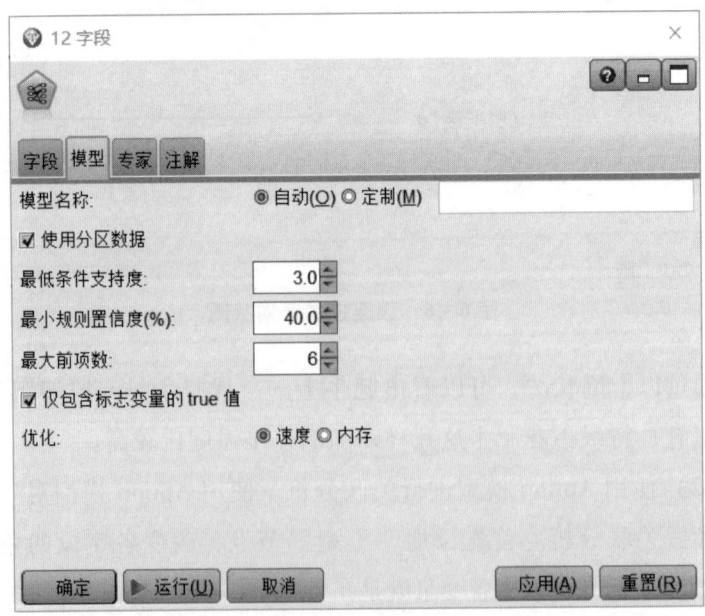

图 6-8 关联规则设置

对不符合的置信度以及支持度做出筛选，得到了置信度大于 0.4 且支持度大于 0.03 的相关性商品，一共 37 条满足条件的规则。支持度、置信度的最大最小值如图 6-9 所示。

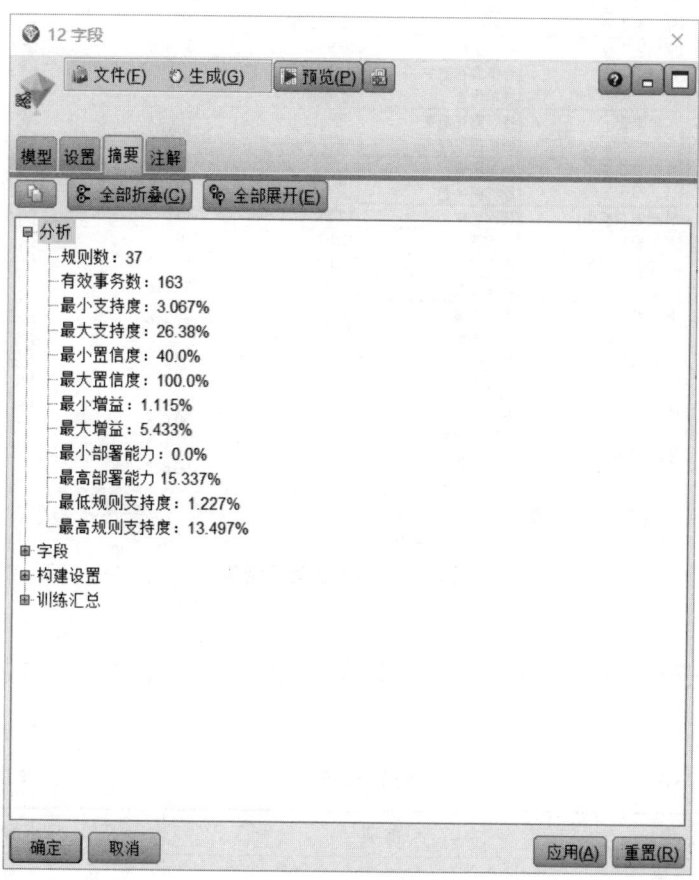

图 6-9　规则参数

在 SPSS Modeler 软件中运行该模型可以得到牛羊肉类商品的商品相关性，具体结果如图 6-10 所示。

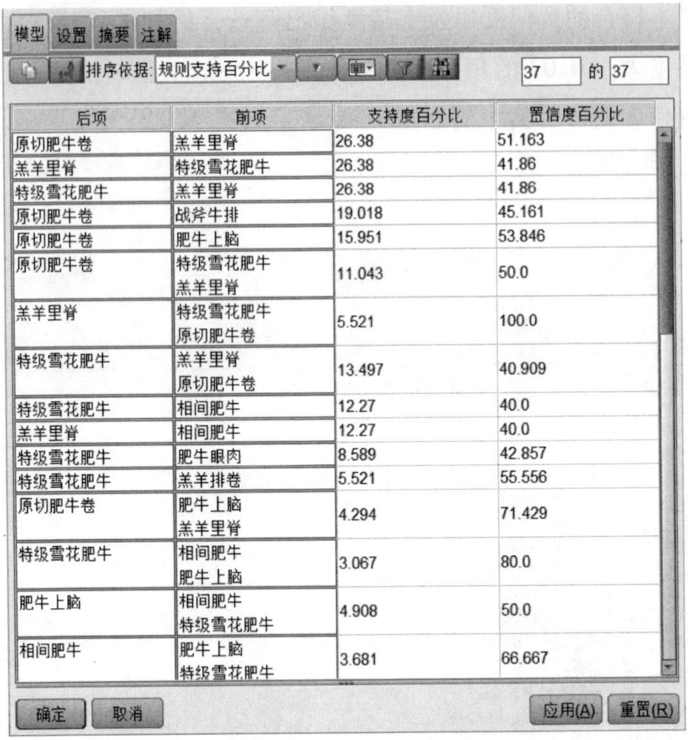

图 6-10 模型运行结果

最终生成 37 条规则和其支持度、置信度，具体如表 6-3 所示。

表 6-3　　　　　　　　商品关联规则　　　　　　　　单位：%

后项	前项	支持度	置信度
原切肥牛卷	羔羊里脊	26.38	51.16
羔羊里脊	特级雪花肥牛	26.38	41.86
特级雪花肥牛	羔羊里脊	26.38	41.86
原切肥牛卷	战斧牛排	19.02	45.16
原切肥牛卷	肥牛上脑	15.95	53.85
特级雪花肥牛	羔羊里脊和原切肥牛卷	13.50	40.91

续表

后项	前项	支持度	置信度
特级雪花肥牛	相间肥牛	12.27	40.00
羔羊里脊	相间肥牛	12.27	40.00
原切肥牛卷	特级雪花肥牛和羔羊里脊	11.04	50.00
特级雪花肥牛	肥牛眼肉	8.59	42.86
羔羊里脊	特级雪花肥牛和原切肥牛卷	5.52	100.00
特级雪花肥牛	羔羊排卷	5.52	55.56
肥牛上脑	特级雪花肥牛和原切肥牛卷	5.52	44.44
肥牛上脑	特级雪花肥牛和羔羊里脊和原切肥牛卷	5.52	44.44
肥牛上脑	相间肥牛和特级雪花肥牛	4.91	50.00
肥牛上脑	相间肥牛和羔羊里脊	4.91	50.00
羔羊里脊	相间肥牛和特级雪花肥牛	4.91	50.00
特级雪花肥牛	相间肥牛和羔羊里脊	4.91	50.00
原切肥牛卷	肥牛上脑和羔羊里脊	4.29	71.43
相间肥牛	肥牛上脑和羔羊里脊	4.29	57.14
特级雪花肥牛	肥牛上脑和羔羊里脊	4.29	57.14
相间肥牛	肥牛上脑和特级雪花肥牛	3.68	66.67
羔羊里脊	肥牛上脑和特级雪花肥牛	3.68	66.67
原切肥牛卷	肥牛上脑和特级雪花肥牛	3.68	66.67
羔羊里脊	肥牛眼肉和特级雪花肥牛	3.68	50.00
特级雪花肥牛	相间肥牛和肥牛上脑	3.07	80.00
羔羊里脊	相间肥牛和肥牛上脑	3.07	80.00
特级雪花肥牛	肥牛上脑和羔羊里脊和原切肥牛卷	3.07	80.00
特级雪花肥牛	肥牛眼肉和羔羊里脊	3.07	60.00
原切肥牛卷	肥牛眼肉和羔羊里脊	3.07	60.00
羔羊里脊	肥牛眼肉和原切肥牛卷	3.07	60.00
原切肥牛卷	相间肥牛和肥牛上脑	3.07	60.00
肥牛上脑	相间肥牛和原切肥牛卷	3.07	60.00
特级雪花肥牛	相间肥牛和原切肥牛卷	3.07	60.00

续表

后项	前项	支持度	置信度
羔羊里脊	相间肥牛和原切肥牛卷	3.07	60.00
相间肥牛	肥牛上脑和羔羊里脊和原切肥牛卷	3.07	60.00
特级雪花肥牛	肥牛眼肉和原切肥牛卷	3.07	40.00

通过上面对牛羊肉类商品的相关性分析，商品之间的关联性已经可以在关联规则表中一目了然，继而为商品的货架摆放、补货、拣选等的优化设计，提供了一个合理的依据。

6.3 补货策略的制定

补货作业是指从保管区将物品移到拣选区域，并作相应信息处理的活动。具体指配送中心拣货区的商品存量低于设定标准的情况下，将商品从保管区搬至拣选区的作业活动。补货作业是为了在正确的时间将正确的商品从保管区送到指定的拣货区，及时满足客户订单需求，提高拣货效率。补货作业是拣货作业的前提保障。补货作业环节主要流程包括确定现有库存水平和补货方式、确定补货点、制定补货计划和补货作业，如图6-11所示。

图 6-11 补货作业流程

6.3.1 确定现有库存水平和补货方式

补货作业的发生与否应视拣货区的货物存量是否符合需求，因而究竟何时补货需检查拣货区存量，以避免拣货中途才发觉拣货区的货量不足，影响整个拣货作业。补货时机主要有批次补货、定时补货和随机补货三种方式，配送中心应视具体情况选择适宜的补货方式，如表6-4所示。

表6-4　　　　　　　　　　补货时机特点

补货时机	内容	适合情况
批次补货	每天或每一批次拣货前，经由电脑计算所需货物总拣货量和拣货区的库存量，计算出差额并在拣货作业开始前补足货物	这种补货原则是"一次补足"，较适合一日内作业量变化不大，紧急插单不多，或是每批次拣货量可以事先掌握的情况
定时补货	将每天划分为若干时段，补货人员在时段内检查拣货区货架上货物存量，若发现不足马上予以补足	这种"定时补足"的补货原则，较适合分批拣货时间固定、处理紧急订货时间也固定的情况
随机补货	随机补货是指定专人从事补货作业方式，补货人员随时巡视拣货区的货物存量，若有不足随时补货	这种"不定时补足"的补货原则，较适合每批次拣货量不大，紧急插单多，以至于一天内作业量不易事前掌握的场合

拣选区所有商品的补货作业采用定时补货和随机补货共用的补货作业方法，定时补货是指在一般情况下仓库管理员定时对仓库中的商品库存进行查询，发现不足进行补货的作业方式；随机补货是当在作业过程中出现突发的库存量过低而触发的即时补货作业。随机补货具有一定的偶发性，补货作业以定时补货作业为主。

在冷链物流中心中，订单的波动性较大，为保证订单的快速响应，补货作业采用定时补货和随机补货共用的补货作业方式。通常情况下，仓库管理员定期对仓库中的商品库存进行查询，发现不足进行补货；在发生突发性的库存不足情况下，采用随机补货方式进行补货（冷链物流中心的商品补货数量采用经济订货批量确定，这里假设冷链物流中心的商品的日需求量服从正态分布，为保证所有商品的快速响应，所有商品的零货库存的服务水平均为99%）。

6.3.2 确定补货点

拣选区会定期进行统一补货,在拣选过程中突发拣选区库存不足,则采用随机补货方式,为保证拣选区库存稳定性,所有商品拣选区库存的服务水平均要求为99%。批次补货和随机补货均采用定量订货法计算方式来确定订货点和补货数量①。

1. 安全库存的确定

安全库存是用于预防预测与实际消耗之间的差异,以及期望运输时间与实际时间的差异所造成的损失,即预防各种不确定性。

在提前期和订货周期确定的前提下,安全库存计算公式见第4章式(4-16)。

2. 定量订货法

(1) 订货点的确定。在定量订货法中,发出订货批量时,商品实际的保有库存量叫作订货点(订货库存最低限)。在订货提前期(即提前的时间)确定,但需求量具有一定波动的前提下,订货点(订货库存最低限)的计算公式见第4章式(4-9)。

(2) 订购批量的确定。订货批量是指商品的单次订购数量,在定量订货法中每次的订货批量都是相同的,通常通过经济批量作为订货批量。经济批量的计算公式见第4章式(4-10)。

3. 补货点分析

通过数据采集,得到指定商品的年需求量、日需求标准差、次订货成本、年存储费用、补货提前期等信息,具体商品信息分析如表6-5所示,并结合商品关联性分析结果,对表6-5中商品制订详细的补货作业方案,确定其补货时机、补货数量、补货货位等补货信息。

---

① 商品为整箱补货,因此补货数量应根据整箱数量进行取整。

表6-5　　　　　　　　　　　　补货商品信息

商品编码	商品名称	年需求量（件）	日需求量标准差（件）	单次订货成本（元）	年存储费用（元）	补货提前期（天）
2015	原切肥牛卷	5 740	6.13	5	5	1

（1）安全库存。根据商品的分类确定其应有的服务水平及安全系数如表6-6所示，结合其商品信息，确定安全库存。

表6-6　　　　　　　　　商品服务水平与安全系数分析

商品编码	商品名称	分类	服务水平	安全系数
2015	原切肥牛卷	A	99%	2.33

以原切肥牛卷为例，其为A类商品，服务水平为99%，安全系数为2.33，日需求量标准差为6.13，补货提前期为1，其安全库存如下：

$$SS = z \times \delta_d \times \sqrt{LT} = 2.33 \times 6.13 \times 1 = 15（件）$$

（2）补货点。

$$R = d \times LT + SS = \frac{5\ 740}{365} \times 1 + 15 \approx 31（件）$$

（3）补货批量。

$$Q = \sqrt{\frac{2DS}{C}} = \sqrt{\frac{2 \times 5\ 740 \times 5}{5}} = 108（件）$$

4. 总结

根据相关计算可得相关商品补货信息，如表6-7所示。

表6-7　　　　　　　　　　　　　补货信息

商品名称	商品分类	补货方式	补货点编号	补货批量（件）	安全库存（件）	现库存量（件）	应补货数量（件）
原切肥牛卷	A	定量补货	31	108	15	10	113

具体为盘点员对零货存储区的商品数量进行随时检查，从而及时发现商品是否到达补货点，当发现"原切肥牛卷"的数量低于31件时，及时发出补货批量为108件的补货单；如库存信息显示，现库存数量为10件，已经低于安全库存数量，为了弥补安全库存的数量，本次应发出补货批量为113件的补货订单。

6.3.3 制订补货计划

补货计划的内容主要包括取货货位、补货站台、搬运设备、补货货位等的确定。其中，所有的计划内容均可采用手动计划和自动计划两种方式完成，自动计划系统会随机分配所有的计划内容，手动计划则需手动选择计划内容。

鉴于原冷链物流中心采用随机存储策略，这种作业模式能有效提高空间利用率，但是降低了搬运效率，也提高了成本，所以采用补货货位由关联规则和商品 ABC 分类确定，根据冷链物流中心的商品种类繁多、订单量大等特点，确定最小支持度为 0.03，最小置信度为 0.4。在补货作业过程中，应尽量存放满足有多种具有高关联规则的商品，并将这些商品存储在其领域带有空货位的货架上。根据表 6-8 的商品相关性结果可以得知。

表 6-8　　　　　　商品关联部分信息　　　　　　单位：%

排序	后项	前项	支持度百分比	置信度百分比
1	原切肥牛卷	羔羊里脊	26.38	51.16
2	羔羊里脊	特级雪花肥牛	26.38	41.86

1. 按照相关性分配货位

根据相关性分析，完全满足货物的情况，例如原切肥牛卷、羔羊里脊两者联系较为紧密，关联度最高且同属于一个级别的商品，因此可以共同存储在一个货架中，但不能占满整个货位，这样将其安排到同一批补货较为合理，避免影响拣货效率。

2. 补货商品规格信息

通过对商品信息的获取，分析得知原切肥牛卷的具体规格信息，根据这一信息，计算出商品箱数及所需托盘数量，如表6-9所示。

表6-9　　　　　　　　　　补货规格信息

商品编号	商品名称	包装代码	单品数量（件）	合计箱数（件）	托盘数量（个）
2016	原切肥牛卷	1-10-600	113	12	1

3. 具体补货安排

通过库位查询，分析具体情况，选择合适的取货货位、补货站台、搬运设备，补货货位，具体安排如表6-10所示。

表6-10　　　　　　　　　　具体补货安排

取货货位	补货站台	搬运设备	补货货位
自动化立体货架 A010102-A010106	随机分配空闲站台	自动分配空白设备	水平回转货架 R010114-R010118

在系统中完成补货计划的制定和审核后，仓库中将进行补货作业。商品的补货需要在补货站台依靠人工辅助补货完成。根据补货单到达对应的补货站台补货即可。在这一过程中，需要补货人员根据WMS系统上提供的补货信息，按照正确步骤进行补货登记，并根据水平回转货架前电子屏幕上的相关信息，进行有序补货，完成补货作业。

第 7 章
水平回转货架拣选系统优化

7.1 问题分析

  水平回转货架系统是自动化仓储技术的前沿技术，它以其空间利用率高和控制灵活等优点成为自动化立体仓库的重要存储设施。水平回转货架系统遵照"货到人"原则展开作业，将所需货品直接输送到拣货口，不需要浪费时间来进行无用的走动和搜索。同时可将多个订单合并到一个批次，将拣选效率提升到一个新的层次。

  通过长期的经营发现，随着订单量的不断增加，如上所述原始的拣货路径导致水平回转货架系统的存取效率降低，商品的出入库时间增加。那么合理地解决水平回转货架系统拣选作业优化调度问题将极大地提高水平回转货架系统的作业效率，从而提高自动化仓库整体运行效益。水平回转货架属于旋转货架的一种，它的运动方式很简单，只能顺时针旋转或者逆时针旋转，根据这个运动规则，本章通过建立数学模型，设计一个算法，求解最短路径，从而优化系统。

7.2 优化模型建立

7.2.1 拣选流程

水平回转货架由多个能够水平旋转的货架并排放置构成，每个货架上都摆放有多种商品。水平回转货架是通过顺序执行一个个货单完成入库出库作业，货单由管理计算机发送到旋转货架的控制计算机[76][77]。每个批次最多由12个货单组成，每个货单包含若干条目，每一个条目对应一条对旋转货架某一个货箱的存取命令。当旋转货架接收到管理计算机发送过来的货单后，各旋转货架同时开始运动，将目标货架旋转至拣货口位置，由拣货员根据商品订单传达到旋转货架旁显示屏上的具体位置及数量信息，拣选货物至拣货台，并将其放置在指定位置的周转箱中，操作完毕再访问货单中的下一条目。依此类推，直到顺序执行完所有货单的所有条目[78]。至此，一个批次的货单执行过程结束，回转货架等待接收下一个批次，图7-1为水平回转货架运作方式。

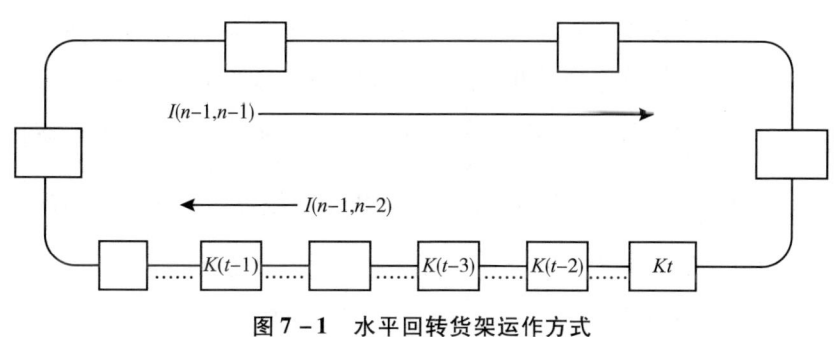

图7-1 水平回转货架运作方式

7.2.2 假设说明

路径规划问题，就是怎样让拣选所需的时间最短，为方便分析，又不失一般性，对本书用到的参数做如下假设：

（1）相邻的 2 个储位是等间距分布；

（2）每次拣选的时间都相同，设为 T_{pick}；

（3）水平回转货架运行速度恒定，运行一格所需要的时间设为 T_{move}，则运行 m 格所需要的时间为 mT_{move}；

（4）一次拣选的商品总数不超过拣货员的拣选能力；

（5）拣选员拣选完一种商品后，紧接着拣选下一种商品，中间没有停顿。

7.2.3　模型建立

假设水平回转货架有 N 格，某一订单上的商品为：

$$M = \{m_{k1}, m_{k2}, \cdots, m_{ki}, \cdots, m_{kn}\}, n \leqslant N$$

其中，k_i 为从第 $i-1$ 个商品运动到第 i 个商品需要运动的格数，则拣选第 i 种商品所需要的时间 T_i 为：

$$T_i = k_i T_{move} + T_{pick} \quad (7-1)$$

所以拣选完所有的商品所需的时间为 T_{sum} 为：

$$T_{sum} = \sum_{i=1}^{n} T_i = \sum_{i=1}^{n}(k_i T_{move} + T_{pick}) \quad (7-2)$$

水平单旋转货架拣选路径优化目标是在待拣选的商品储位序列中求取一条最优拣选序列，并按照该拣选次序使总的拣选时间 T_{sum} 为最小。当商品确定后，n、T_{pick}、T_{move} 即为定制，所以 T_{sum} 最小值即该拣选次序使 $\sum_{i}^{n} k_i$ 最小。水平单旋转回转货架系统最短总出货时间问题被简化成求解一个拣选单所有商品出完需要转过几个货位的问题，即一个求解最小路径的问题。该最小路径可以看作从起始点出发按照一定的顺序拣选商品。k_0 为一线段的一个端点，k_1，k_2，$\cdots$，k_n 是线段上的 n 个点，从 k_0 出发，遍历 k_1，k_2，$\cdots$，k_n 这 n 个点，如果第 $i-1$ 个点运动到第 i 个点的步数为 k_i，k_i 是从第 p 格转到第 q 格的格数；

N 为水平单旋转货架的总格数。模型如式（7-3）所示：

$$k_i = |p-q||p-q| \qquad (7-3)$$

通过模型可知这是一个离散的 NP 非确定性多项式时间问题。如图 7-2 所示，圆环上固定的 N 个点，从其中任意一点 o 出发经过规定好的 n 个点，求最小路径及其遍历顺序。这个问题就被归结为一个离散的图论问题，近似于旅行商问题（TSP）。可以看作是固定起点，不确定最后是否回到起点的动态非闭环旅行商问题，在城市数少于 10 的时候可取得非常理想的解，下面对模拟退火算法进行改造，求解当前的图论问题[79]。

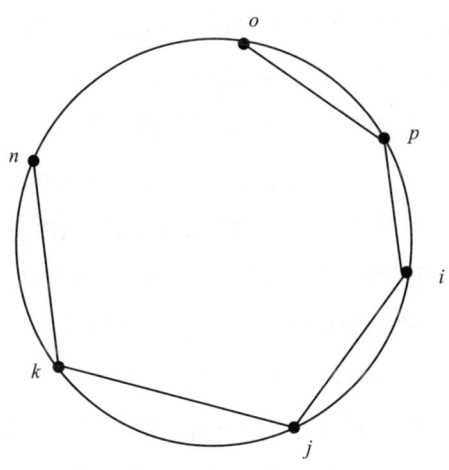

图 7-2 水平回转系统数学模型

7.3 模拟退火算法设计

7.3.1 基本原理

模拟退火（simulated annealing，SA）算法的思想最早是由梅特罗波利斯（Metropolis）等提出的。其出发点是基于物流中固体物质

的退火过程与一般的组合优化问题之间的相似性。模拟退火算法是一种通用的优化算法,其物理退火过程是由以下三部分组成:

(1) 加温过程。其目的是增强粒子的热运动,使其偏离平衡位置。当温度足够高时,固体将熔为液体,从而消除系统原先存在的非均匀状态。

(2) 等温过程。对于与周围环境交换热量而温度不变的封闭系统,系统状态的自发变化总是朝自由能减少的方向进行的,当自由能达到最小时,系统达到平衡状态。

(3) 冷却过程。使粒子热运动减弱,系统能量下降,得到晶体结构。

其中,加温过程对应算法的设定初温,等温过程对应算法的Metropolis抽样过程,冷却过程对应控制参数的下降。这里能量的变化就是目标函数,要得到的最优解就是能量最低态。Metropolis准则是SA算法收敛于全局最优解的关键所在,Metropolis准则以一定的概率接受恶化解,这样就使算法跳离局部最优的陷阱。

SA算法为求解传统方法难处理的TSP问题提供了一个有效的途径和通用框架,并逐渐发展成为一种迭代自适应启发式概率性搜索算法。SA算法可以用以求解不同的非线性问题,对不可微甚至不连续的函数优化,能以较大概率求得全局最优解。该算法还具有较强的鲁棒性、全局收敛性、隐含并行性及广泛的适应性,并且能处理不同类型的优化设计变量,不需要任何的辅助信息,对目标函数和约束函数没有任何要求。利用Metropolis准则并适当地控制温度下降过程,在优化问题中具有很强的竞争力。

SA算法实现过程如下:

(1) 初始化:取初始温度T_0足够大,令$T=T_0$,任取初始解S_1,确定每个T时的迭代次数,即Metropolis链长L。

(2) 对当前温度T和$k=1,2,\cdots,L$,重复步骤(3)~步骤(6)。

(3) 对当前解 S_1 随机扰动产生一个新解 S_2。

(4) 计算 S_2 的增量 $df = f(S_2) - f(S_1)$，其中 $f(S_1)$ 为 S_1 的代价函数。

(5) 若 $df < 0$，则接受 S_2 作为新的当前解，即 $S_1 = S_2$；否则计算 S_2 的接受概率 $\exp(-df/T) > rand$，也接受 S_2 作为新的当前解，$S_1 = S_2$；否则保留当前解 S_1。

(6) 如果满足终止条件 Stop，则输出当前解 S_1 为最优解，结束程序。终止条件 Stop 通常为：在连续若干个 Metropolis 链中新解 S_2 都没有被接受时终止算法，或是设定结束温度。否则按衰减函数 T 后返回步骤（2）。

以上步骤称为 Metropolis 过程。逐渐降低控制温度，重复 Metropolis 过程，直至满足结束准则 Stop，求出最优解。

7.3.2 流程实现

1. 算法流程

模拟退火算法求解 TSP 问题的流程如图 7-3 所示。

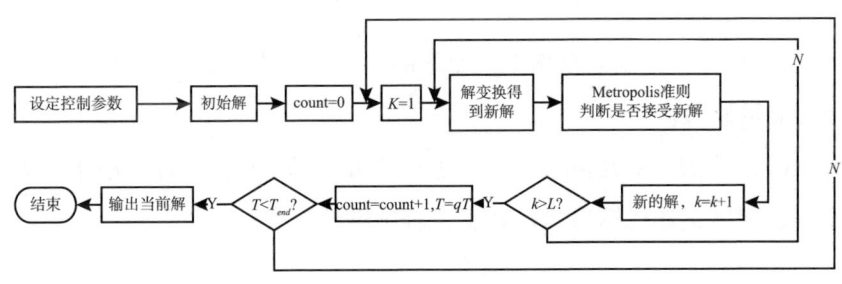

图 7-3 模拟退火算法求解流程

2. 算法实现

(1) 控制参数的设置。需要设置的主要控制参数有降温速率 q、初始温度 T_0、结束温度 T_{end} 以及链长 L，具体参数实现如表 7-1 所示。

表 7-1 参数设定

降温速率 q	初始温度 T_0(℃)	结束温度 T_{end}(℃)	链长 L(米)
0.9	1 000	0.001	200

(2) 初始解。对于水平回转货架上 n 个货位格商品的非闭合旅行商问题,得到的解是对货位格进行编号,如对 6 个货位格的 TSP 问题 {1,2,3,4,5,6},则 |1|3|6|4|2|5 就是一个合法的初始解 S。

(3) 解变换产生新解。通过对当前解 S_1 进行变换,产生新的路径数组即新解,这里采用的变换是产生随机数的方法来产生将要交换的两个货位点,用二临域变换法产生新的路径,即新的可行解 S_2。

(4) Metropolis 准则。若路径长度函数为 $f(S)$,则当前解的路径为 $f(S_1)$,新解产生的路径为 $f(S_2)$,路径差为 $df=f(S_2)-f(S_1)$,则 Metropolis 准则见式(7-4):

$$P = \begin{cases} 1, & df < 0 \\ \exp\left(-\dfrac{df}{T}\right), & df \geqslant 0 \end{cases} \quad (7-4)$$

如果 $df<0$,则以概率 1 接受新的路径;否则以概率 $\exp(-df/T)$ 接受新的路径。

(5) 降温。利用降温速率 q 进行降温,即 $T=qT$,若 T 小于结束温度,则停止迭代输出当前状态,否则继续迭代。

7.4 实验结果分析

将本书算法应用于水平回转货架拣选路径优化,设定需要拣选的 6 个商品在货架中的货位坐标如表 7-2 所示。

表7-2　　　　　　　　　　商品拣选货位信息

货位编号	货位坐标	货位编号	货位坐标
1	3, 0	4	33, 0
2	25, 0	5	40, 0
3	15, 0	6	11, 0

简单的动态 TSP 是指圆环上固定的 N 个点,从其中任意一个点出发经过规定好的 n 个点,求最小路径及其遍历顺序。它不同于普通的 TSP 问题是一个封闭的曲线,这种问题是从一个点固定端点出发,遍历 n 个点,不返回起始点,或者说不一定返回起始点。

将初始停靠点设为 (3, 0),以随机选取储位的方式,对商品拣选路径进行优化,并使用模拟退火算法,通过 MATLAB 程序验证出货最短路径和正确性,图 7-4 所示为进化曲线,结果如表 7-3 所示。

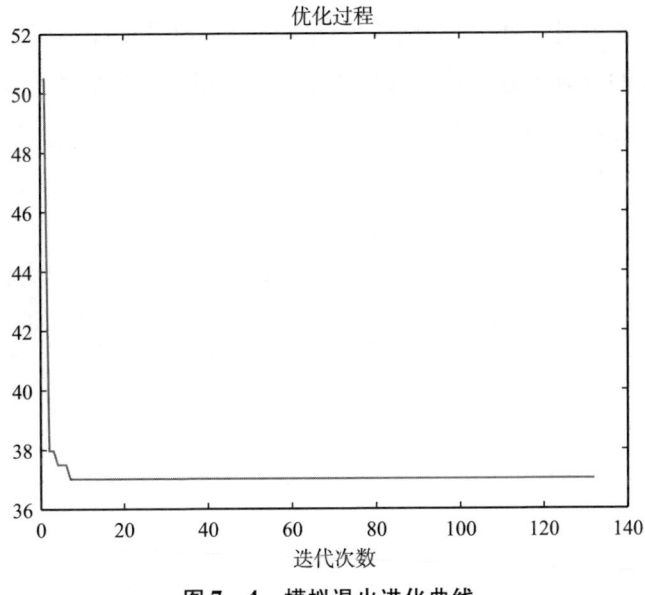

图 7-4　模拟退火进化曲线

表7-3　　　　　　　　不同货位数算法性能

货位数	随机储位编号	最佳拣选方案	最短拣选距离（米）	最优拣货到达率（%）
2	2,6	1-6-2	22	100
3	2,3,4	1-3-2-4	30	100
5	2,3,4,6	1-6-3-2-4	30	100
6	1,2,3,4,5,6	1-6-3-2-4-5	37	96.7

模拟退火算法在解简单的动态TSP问题时具有以下特点：

（1）算法在停靠点较少时，对简单的动态TSP问题优化效果很好，当遍历点较少时，算法效果非常好，当拣货商品货位数小于5时可以100%到达最优拣选路径。

（2）算法在停靠点较少时，对简单的动态TSP问题收敛速度很快，由图7-4可知，模拟退火算法发现最优解的速度很快，迭代次数少于30次就能获得最优解。

因此模拟退火算法对于求解简单的动态TSP问题在城市数量较少时是有效的且效果好，该算法应用于单旋转的水平回转货架系统可以有效求出其运行的最短路径。

第8章

流通加工作业优化设计

8.1 流通加工作业分析

8.1.1 基本概念

流通加工是指物品在生产地到使用地的流动过程，根据需要施加包装、分割、计算、分拣、价格贴付、拴标签、组装等简单作业的总称。它是为提高商品的物流速度和利用率，在商品进入流通领域后，按照客户的要求进行的加工活动，即在物品从生产者向消费者流动的过程中，为了促进销售、维护商品质量和提高物流效率，对商品进行一定程度的加工。流通加工通过改变或完善流通对象的形态来实现"桥梁和纽带"的作用，因此流通加工是流通中的一种特殊形式。

1. 流通加工的目的

流通加工是物流的重要利润来源，流通加工是一种低投入、高产出的加工方式，往往以简单加工解决大问题，流通加工是物流业的重要利润来源。具体如图 8-1 所示。

图 8-1 流通加工的目的

(1) 强化流通阶段的保管功能。冷链物流中心对商品的流通加工,使商品在克服了时间、距离后,仍然可以保持新鲜状态。例如,冷链物流中心对食品的保鲜包装、海鲜鱼生类产品的加工等属于此类。

(2) 回避流通阶段的商业风险。流通加工作业环节可以提高商品的附加值,避免各种不合理的现象,回避流通阶段的商业风险。

(3) 提高产品的附加价值。冷链物流中心储存货品多为蔬菜类、海鲜鱼生类,这类产品原料经过深加工,加工成半成品,可以满足不同客户的需求,有助于提高产品的附加值。

(4) 满足客户多样化的需求。不同的客户对产品的包装要求不同,通过改变产品的包装,可以满足不同客户的需求。冷链物流中心的客户分为电商零售城市配送和商超专配两类,客户对于产品包装、产品订购种类的要求不尽相同,所以冷链物流中心的流通加工作业可以有效解决这一问题,满足客户多样化、个性化的需求。

(5) 提高了运输的效率。冷链物流中心二楼设置的分包区,将整件和散件货物分开打包,规定了不同数量、不同形态货物的包装规格,节约了包装空间,大大提高了运输工具的装载率,有助于提高运输的效率。

(6) 提高了储存效率和设备利用率。冷链物流中心对散件以及整件货物的流通加工,提高了仓库储存效率。在分散加工的情况下,加工设备由于生产周期和生产节奏的限制,设备利用时松时紧,使得加工过程不均衡,设备加工能力不能得到充分发挥。而流通加工面向全社会,加工数量大、加工范围广、加工任务多,这样可以通过建立集中加工点,采用一些效率高、技术先进、加工量大的专门机具和设备,一方面提高加工效率和加工质量,另一方面提高设备利用率。

2. 分装加工流程

分装加工设备主要用于将运输包装改为销售包装。许多生鲜食品零售起点较小,而为了保证高效运输出厂,包装体积则较大,也有一些是采用集装运输方式运达销售地区,为了便于销售,在销售地区需要按所要求的零售起点进行新的包装,即大包装改小包装、散装改小包装、运输包装改销售包装等。本章节将对蔬菜类商品的分装加工进行分析。

蔬菜包装加工共分为下达出库订单、商品分拣、商品出库加工三个步骤,具体如图8-2所示。

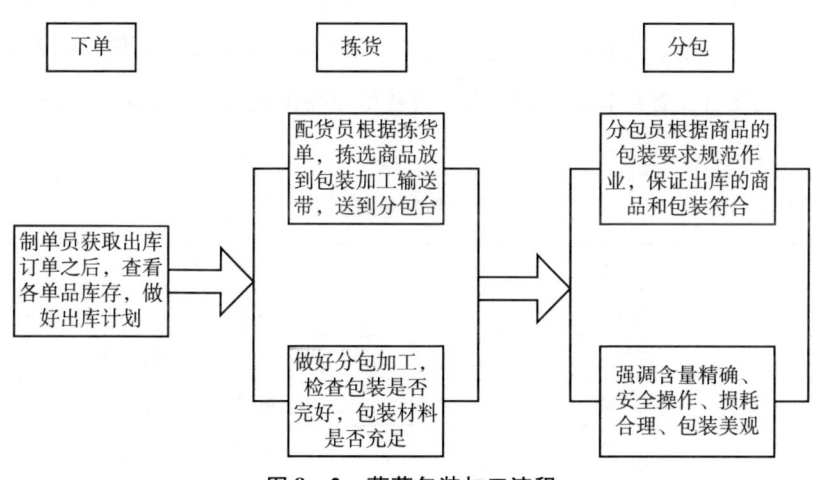

图8-2 蔬菜包装加工流程

(1)下达出库订单。订单的内容为采购信息,内含品名、货号、规格、等级、单位、数量、信息沟通下达订单时间、日期、店名、订货者等栏位。其中货号、品名、规格、等级、单位等内容定期更新。

(2)商品分拣。结合库存情况,通过计算拣货员的行走距离和拣货设备的搬运距离,选择较短的拣选路线,但如果货物分别在不同的库区进行出库,通常会采用经验判断法确定合理的拣货路径。

(3) 商品出库加工。根据商品类别和要求对即将配送的产品按销售要求进行再加工,主要包括以下加工方法:

①分割加工,如对大尺寸产品按销售需求进行切割;

②分装加工,如将散装或大包装的产品按零售要求进行重新包装;

③分选加工,如对农副产品按质量、规格进行分选,并分别包装;

④贴标加工,如粘贴商标;

⑤加工作业完成后,商品即进入预配送状态。

3. 包装要求汇总

针对冷链物流中心的流通加工成本进行分析,系统无缝对接线下商超和线上客户,为了满足不同商家和客户的需求,针对蔬果商品提供定制化的包装服务,目前对应不同的库存量单位(SKU)可提供包括塑料袋、扎把、盒装等多种包装形式,可对客户要求提供不同重量的分包,满足各类客户和商家的需求。各蔬果商品包装需求如表8-1所示。

表8-1 各类产品的包装要求

分类	包装形式
根菜类	保鲜膜、盒装、袋装
叶菜类	保鲜膜、袋装、盒装、扎把
茄果类	保鲜膜、盒装、袋装
瓜类	保鲜膜、袋装、盒装
豆类	盒装、袋装、扎把
菌类	盒装、袋装

8.1.2 问题现状分析

冷链物流中心冷藏库区可完成的流通加工是商品的包装加工,包装加工作业中需要对包装加工站台和人员进行计划。目前冷链物流中心的包装加工站台分为菌类、豆类、瓜类、茄果类、绿叶类和根菜类，采用一对一的作业模式。在长期的运营中发现，当根茎类货物的包装加工作业量较大时，根茎类货物的包装加工站台处于超负荷状态，而其他站台空闲。这样的作业方式会造成站台的作业负载不均衡，部分站台工作载荷较高，造成订单等待时间增加，大大降低了拣选出库效率[75][76]。因此，需要对包装加工站台任务分配问题进行分析，设计合理的多站台任务分配模型，并选用合适的算法进行求解，从经济性的角度分析模型的合理性。

8.2 多站台任务分配模型

8.2.1 排队论模型建立

1. 基本概念

排队论又称随机服务系统，是研究系统随机聚散现象和随机服务系统工作过程的数学理论和方法，是运筹学的一个分支。排队论的基本思想是1909年丹麦数学家 A. K. 埃尔朗在解决自动电话设计问题时开始形成的，当时称为话务理论。排队论也称随机服务系统理论。它是通过建立一些数学模型，借以对随机发生的需求提供服务的系统预测其行为。现实世界中排队的现象比比皆是，如到商店购货、轮船进港、病人就诊、机器等待修理等[77]。排队的内容虽然不同，但有如下共同特征：

一是有请求服务的人或物，如候诊的病人、请求着陆的飞机等，将此称为"顾客"。

二是有为"顾客"提供服务的人或物，如医生、飞机跑道等，称此为"服务员"。由"顾客"和"服务员"组成服务系统。

三是"顾客"随机的一个一个（或者一批一批）来到服务系统，每位"顾客"需要服务的时间不一定是确定的，服务过程的这种随机性造成某个阶段"顾客"排长队，而某些时候"服务员"又空闲无事。

排队论主要是对服务系统建立数学模型，研究诸如单位时间内服务系统能够服务的顾客的平均数、顾客平均的排队时间、排队顾客的平均数等数量规律。

（1）基本构成。

输入过程：描述顾客按照怎样的规律到达排队系统。顾客总体（有限/无限）、到达的类型（单个/成批）、到达时间间隔。

排队规则：指顾客按怎样的规定次序接受服务。常见的有等待制、损失制、混合制、闭合制。

服务机构：服务台的数量；服务时间服从的分布。

（2）数量指标。用来判断系统运行优劣的基本数量指标，这些数量指标通常包括以下几点。

①队长。队长是指排队系统中的顾客数，它的期望值记为 $L_s = L_{系}$；排队长，指在排队系统中排队等待服务的顾客数，其期望值记为 $L_q = L_{队}$，二者之间的关系如式（8-1）所示。

系统中的顾客数 L_s = 等待服务的顾客数 L_q + 正被服务的顾客数

（8-1）

因此 L_s（或 L_q）越大，说明服务效率越低。

②逗留时间。逗留时间是指一个顾客在排队系统中的停留时间，即顾客从进入服务系统到服务完毕的整个时间。其期望值记为 $W_s = W_{系}$。等待时间，指一个顾客在排队系统中等待服务的时间，其期望值记为 $W_q = W_{队}$，二者之间的关系如式（8-2）所示：

逗留时间 W_s = 等待时间 W_q + 服务时间 　　（8-2）

③忙期。忙期是指从顾客到达空闲服务机构起到服务机构再次为空闲这段时间的长度，即服务机构连续工作的时间长度；也关系到服

务员的工作长度,即服务机构连续工作的时间长度;还关系到服务员的工作强度、忙期的长度和一个忙期中平均完成服务的顾客数,这些都是衡量服务效率的指标。

要计算以上这些指标必须知道系统状态的概率,所谓系统状态即时刻 t 时排队系统中的顾客数。如果时刻 t 时排队系统中有 n 个顾客,就说系统的状态是 n,其概率一般用 $P_n(t)$ 表示。求 $P_n(t)$ 的方法,首先要建立含 $P_n(t)$ 关系式,因 t 为连续变量而 n 只取非负整数,所以建立的 $P_n(t)$ 的关系式一般是微分差分方程,这时要求方程的解是不容易的,有时即使求出也很难利用。因此,往往只求稳态解 P_n,求 P_n 并不一定求 $t\to\infty$ 时的 $P_n(t)$ 极限,而只需由 $P_n(t)=0$,用 P_n 代替 $P_n(t)$ 即可。

2. 多通道等待制模型建立

多通道就是服务台。对于这种排队问题只讨论标准模型,其特征与单通道标准模型特征完全相同。

订单到达规律服从参数为 λ 的 Poisson 分布,如式(8-3)所示:

$$P\{X(t)=k\}=\frac{(\lambda t)^k e^{-\lambda t}}{k!} \tag{8-3}$$

订单处理的时间服从参数为 μ 的负指数分布,如式(8-4)所示:

$$f(t)=\mu e^{-\mu t},\quad (t>0) \tag{8-4}$$

平均每个订单的处理时间为 $1/\mu$。

平均逗留时间 W_s 如式(8-5)所示:

$$W_s=\frac{1}{\mu-\lambda} \tag{8-5}$$

平均等待时间 W_q 如式(8-6)所示:

$$W_q=\frac{1}{\mu-\lambda}-\frac{1}{\mu}=\frac{\lambda}{\mu(\mu-\lambda)} \tag{8-6}$$

根据利特尔（Little）定律（即利特尔法则）[①]，系统队长 L_s 与平均等待队长 L_q 如式（8-7）所示：

$$L_s = \lambda W_s, \quad L_q = \lambda W_q \tag{8-7}$$

假定有 m 个服务台，每个服务台相互独立工作，平均服务个数相同，则整个服务机构的平均服务率为 $m\mu$，显然只有当 $\lambda/m\mu < 1$ 时才不会排成无限长的队列，下面不加证明地给出稳定状态概率 P_n 和系统指标。

令 $\rho = \lambda/m\mu$，推导如式（8-8）所示：

$$P_0 = \left[\sum_{k=0}^{m-1} \frac{1}{k!}\left(\frac{\lambda}{\mu}\right)^k + \frac{1}{m!}\frac{1}{1-\rho}\left(\frac{\lambda}{\mu}\right)^m \right]^{-1}$$

$$P_n = f(x) = \begin{cases} \dfrac{1}{n!}\left(\dfrac{\lambda}{\mu}\right)^n P_0, & n \geq m \\[2mm] m!\, m^{n-m}\left(\dfrac{\lambda}{\mu}\right)^n P_0, & n < m \end{cases}$$

$$L_s = L_q + m\rho, \quad L_q = \frac{(m\rho)^m \rho}{m!\,(1-\rho)^2} P_0$$

$$W_s = W_q + \frac{1}{\mu} = \frac{L_s}{\lambda}, \quad W_q = \frac{L_q}{\lambda} \tag{8-8}$$

8.2.2　多站台任务分配模型 MATLAB 仿真优化

基于数据条件的有限性，仅根据现有数据对多站台任务分配进行相关的数据分析，并运用排队论的理论进行进一步的分析。具体的前提分析如表 8-2 所示。

[①] 利特尔法则（Little's law），基于等候理论，由约翰·利特尔在 1954 年提出。利特尔法则可用于一个稳定的、非占先式的系统中。其内容为：在一个稳定的系统（L）中，长期的平均顾客人数，等于长期的有效抵达率（λ）乘以顾客在这个系统中平均的等待时间（W）。

表8-2　　　　　　　　　服务系统分析

输入过程		排队规则
订单来源	订单到达方式	
服务台的服务对象是进入系统的订单,订单的到达是随机的,订单源也可以看作是无限的	订单的到达是随机的。本书假定订单单个、随机的到来,并且订单的到来是相互独立的。假设订单的到达时间间隔服从指数分数,从而 $[0, t]$ 内到达的顾客数 $X(t)$ 服从泊松分布,其参数为 λ (即单位时间订单到达的平均数)	当订单到达时,如果有空闲服务台,则进行服务;若所有的服务台都正在服务,则顾客选择较短的队列加入等待服务。队列中的排队规则有三种选择,包括先到先服务、后到先服务和有优先权的服务

综上所述,冷链物流中心的服务系统是一个等待制 M/M/C 排队系统。

1. 数据预处理

通过对附录2、附录3中历史有效订单中筛选出需要分包的所有商品信息,六种商品包括菌类、豆类、瓜类、茄果类、绿叶类和根菜类,得知近期内并无菌类和豆类的相关订单信息。根据这四类商品下达订单的时间窗口和数量进行统计归纳,具体归纳结果如表8-3所示。

表8-3　　　　　　　　近一周单小时总订货量分布

下单时间(小时)	商品类型(件)				总计(件)
	根菜类	瓜类	绿叶类	茄果类	
6	20		35		55
7	40		190		230
8	80	20	303	60	463
9			157		157
10	40		140		180
11			137		137
12	124	10	571	10	715

续表

下单时间(小时)	商品类型(件)				总计(件)
	根菜类	瓜类	绿叶类	茄果类	
13		20	83	40	143
14			191		191
15	70	20	190		280
16	20		170		190
17		10	120	30	160
18	10		137		147
19			50		50
20	10		276	10	296
21	40				40
22			99		99
23			43		43
总计	454	80	2 892	150	3 576

为了更加形象地展示数据分析效果,将数据整理成散点图的形式,通过图8-3,可以清晰地了解到近一周内从6时开始到23时四个种类的商品订购总量的分布情况。

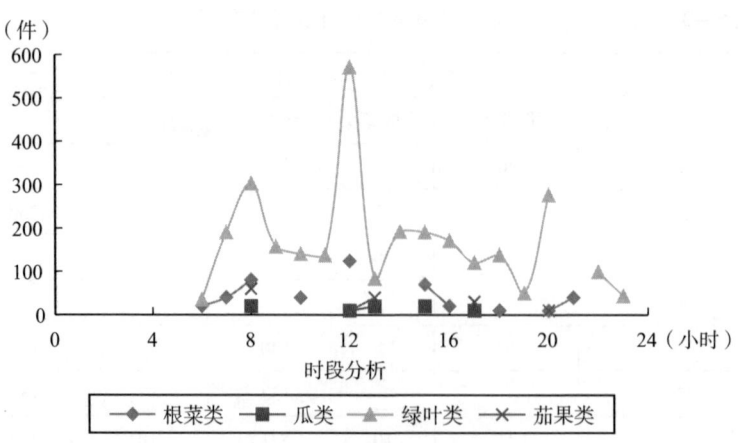

图8-3 订购量分布散点图

2. 相关指标计算

根据假设新零售冷链物流中心有三个窗口，订单的到达服从泊松分布，平均到达率为每分钟 3.5 件，平均每个分包台的服务率服从指数分布，平均服务率每分钟 2 件，现假设订单量到达后排成一队，依次流向空闲的分包台，显然系统的容量和订单源是不限的，属于 M/M/C 型的排队服务模型。根据所给数据计算相应的指标 P_0，L_q，L，W_q，W，$P(N \geqslant 6)$，如下所示：

$$m=6, \quad \rho = \frac{\lambda}{\mu} = \frac{3.5}{2} = 1.75, \quad \rho^* = \frac{\lambda}{m\mu} = \frac{1.75}{6} = 0.29 < 1$$

（1）根据式（8-8），整个分包台空闲的概率为：

$$P_0 = \left[\sum_{k=0}^{m-1} \frac{1}{k!}\left(\frac{\lambda}{\mu}\right) + \frac{1}{m!} \frac{1}{1-\rho}\left(\frac{\lambda}{\mu}\right)^m \right]^{-1}$$

$$= \left[\frac{1.75^0}{0!} + \frac{1.75^1}{1!} + \frac{1.75^2}{2!} + \frac{1.75^3}{3!} + \frac{1.75^4}{4!} + \frac{1.75^5}{5!} + \frac{1.75^6}{6!} \times \frac{1}{1-1.75/6} \right]^{-1}$$

$$= 0.16$$

（2）等待处理的平均订单量或者队列长：

$$L_q = \frac{\rho^m}{m! \, \mu^2 p^*} P_0 = \frac{1.75^6 \times 6/7}{6!} \times 0.16 \approx 0.0054$$

（3）平均逗留订单数（平均队长）：

$$L = L_q + \lambda/\mu = 0.0054 + 1.75 = 1.7554$$

（4）等待处理的平均时间：

$$W_q = \frac{L_q}{\lambda} = 0.5015 \text{（分钟）}$$

（5）在分包台平均逗留时间：

$$W_s = W_q + \frac{1}{\mu} = 0.0027 \text{（分钟）}$$

（6）订单到达后必须等待（即系统中各分包台都没有空闲）的概率：

$$P(N \geqslant 6) = \frac{1}{n!}\left(\frac{\lambda}{\mu}\right)^n P_0 = \frac{1.75^6}{6! \times 1/7} \times 0.16 = 0.045$$

3. 仿真验证

根据 M/M/C 模型,将预处理之后的数据进行分析,通过设计好的 MATLAB 程序(详细代码见附录 6)进行仿真验证,仿真结果如图 8-4 所示。

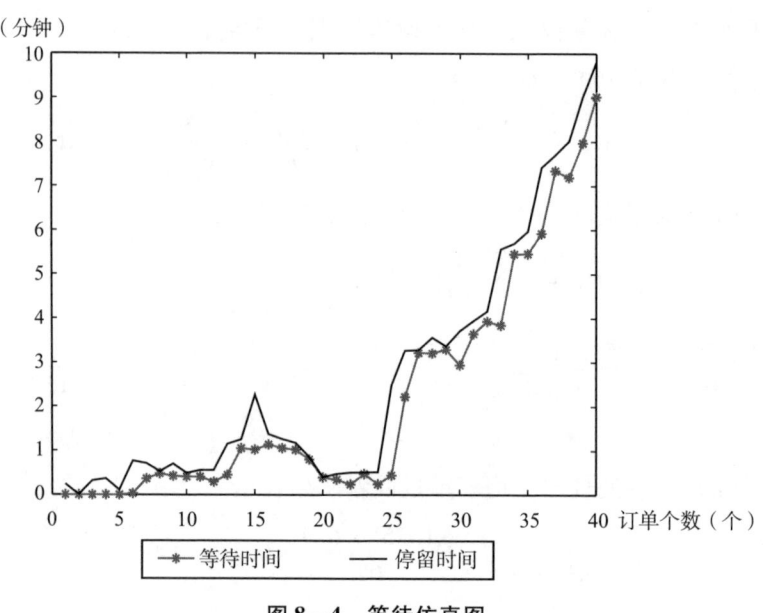

图 8-4 等待仿真图

4. 优化分配结果

以 6~23 时下单的货物为例,进行多个站台的优化分析。由上述基于排队论思想计算出来的结果,平均每件货物在分包台逗留的时间为 0.5 分钟,等待处理的平均时间较短;下单时间为 8 时的绿叶类货品件数较多,可以将其分到 9 时的豆类和菌类站台;下单时间为 12 时的绿叶类货品较多,可以将 13~20 时的绿叶类分包到其他类站台,将 12 时的 571 件绿叶类货物分配到绿叶类站台 13~20 时的各个时段进行分包作业,减轻这一时段的绿叶类分包任务,提高流通加工的效率。结合排队论求得的相关指标,可以合理划分分包站台的任务,减轻订单量大的站台负荷量,具体多站台优化结果如表 8-4 所示。

表 8-4 多站台优化结果

下单时间（小时）	分包站台任务分配（件）						总计（件）
	根菜类	瓜类	绿叶类	茄果类	豆类	菌类	
6	20		35				55
7	40	30	60	30	30	40	230
8	60	60	43	60	60	60	343
9	30	40	57	30	60	60	277
10	40	40	60	40			180
11			57		40	40	137
12	124	10	31	10			175
13	63	20	60	40	20		203
14	60	60	60	31	40		251
15	70	30	60	60	60	60	340
16	20	60	60	60	50	60	310
17	40	10	60	30	40	40	220
18	10	60	60	60	17		207
19			60			50	110
20	60	60	60	60	60	56	356
21	40						40
22		39	60				99
23			43				43
总计	1 177	519	926	511	477	466	4 076

8.3 流通加工作业成本

8.3.1 流通加工成本的主要构成

(1) 流通加工设备费用：流通加工设备购置费用。

(2) 流通加工材料费用：流通加工过程中需要消耗一些材料的费用。

(3) 流通加工劳务费用：流通加工过程中从事加工活动的管理人员、工人及有关人员工资、奖金等费用的总和。

(4) 流通加工其他费用：流通加工中耗用的电力、燃料、油料等费用。

8.3.2 流通加工成本分析

根据冷链物流中心的具体运作情况，结合流通加工部分的费用成本表，对流通加工部分的成本进行分析，具体构成如表8-5所示。

表8-5　　　　　　　成本构成

成本类型	成本科目	科目名称	成本值（元）
按时计费设备成本	单层手推车	单层手推车单位时间费用	0.5
	双层手推车	双层手推车单位时间费用	0.5
分拣系统运行成本	拣货台	拣货台单位时间费用	1
	打包台	打包台单位时间费用	1
	分包台	分包台单位时间费用	1
作业人员计时成本	配货员	配货员单位时间费用	0.3
	复核打包员	复核打包员单位时间费用	0.3
	搬运工	搬运工单位时间费用	0.3

续表

成本类型	成本科目	科目名称	成本值（元）
按次计费设备成本	打印纸张	打印纸张单次费用	0.1
	打印标签	打印标签单次费用	0.2
	打包纸箱 Z1	打包纸箱 Z1 使用单次费用	0.1
	打包纸箱 Z2	打包纸箱 Z2 使用单次费用	0.2
	打包纸箱 Z3	打包纸箱 Z3 使用单次费用	0.3
	打包纸箱 Z4	打包纸箱 Z4 使用单次费用	0.4
	打包纸箱 Z5	打包纸箱 Z5 使用单次费用	0.5

1. 按时计费设备成本分析

按时计费设备成本，共分为单层手推车与双层手推车的使用费用，每单位时间均为 0.5 元成本值。从具体适用场合来说，单层手推车更适合同一类商品的较大批量拣货；而双层手推车更适合多种商品小批量的拣货，依据拣货订单的不同，选取合适的手推车，可以一定程度上提高工作的效率。

从长远规划来看，人工手推车的效率有限，有必要对其进行更新换代，使用更加便捷的机器设备。

2. 分拣系统运行成本分析

分拣系统运行成本包括拣货台、打包台、分包台的单位时间使用费用，每单位时间均为 1 元成本值。这部分成本是进行流通加工作业必须要损耗的成本，想要降低其成本只能从加快效率、减少其使用时间入手，而一般情况下人员的精力都是有限的，很难从人工方面节约成本。

3. 作业人员计时成本分析

流通加工的作业人员包括配货员、复核打包员和搬运工的单位时间费用，每单位时间均为 0.3 元成本值。从人员成本来说，必须要根据冷链仓库的具体作业需求，选择合适数量的人员，一方面，避免因为人少而导致的工作拖延；另一方面，避免因人员过多而导致的工作效率低下。

4. 按次计费设备成本分析

流通加工作业环节中也需要用到许多的一次性用品，特别是打印纸张、打印标签和使用不同规格的打包纸箱，其损耗成本根据使用的打包纸箱规格由 0.1~0.5 元成本值不等。就打印纸张和打印标签的费用来看，这部分是每一个流通加工中的商品都需要且必不可少的，如分包单、拣货单等。而对于不同规格的纸箱来说，根据商品的重量、体积等信息，使用更适当规格的纸箱，可以有效降低纸箱的损耗成本，选择科学合理的打包方式能有效降低对这一成本的资金损耗。

8.4 成本控制及财务建议

8.4.1 控制流通加工成本的方法

1. 确定适当的流通加工方式

加工方式与流通加工成本存在一定的联系，流通企业应根据服务对象的不同，选择适当的加工方式和加工深度。

2. 确定合理的加工能力

流通加工成本与加工的批量、数量存在着正比关系，应根据物流需要和加工者的实际能力来确定加工批量和数量。

3. 加强流通加工的生产管理

生产管理与流通加工成本联系十分紧密，应参照生产加工企业实行定额管理、标准化管理等进行规范化的生产。

4. 指定相应的经济指标

流通加工的对象是已经成为商品的产品，不同于生产加工，是对其的辅助和补充。

5. 实现流通加工的合理化

控制流通加工成本可以从实现流通加工合理化入手，达到降低物流成本，同时有利于节约其他物流成本的目的。

8.4.2 财务建议

从财务的角度分析流通加工的成本构成，并对其提出相关的财务建议，帮助其更好地节约流通加工部分的成本，以期达到更优的效果。

1. 直接工资

直接工资即配货员、复核打包员和搬运工的工资。从直接工资的长期影响来看，提高冷链仓库的自动化水平、使用先进设备也有助于减少对人工的依赖，提高单个员工的作业效率，降低对员工的需求，甚至在一定程度上完全取代，可以有效降低重复式体力工作的作业人员成本。

2. 包装费用

包装费用即打印纸张、打印标签和使用不同规格的打包纸箱的费用。从强化技术创新角度，通过大数据和大规模优化技术，应推出一套"智能打包算法技术"，相比粗放的人工包装，至少可节省5%以上的包装耗材。根据实例，从成本上，由于每个箱子装得更满，空间利用更合理，且系统计算非常快速，每个订单的配送成本可节省0.12元，耗材费用可节省0.16元。以一个日均10万单的仓库来说，1年至少节省1 000万元。而实现包装的定制化，根据仓库内商品特性，结合消费者购买组合习惯，定制最适合仓库使用的包装，快递包装耗材有望进一步降低至15%以上。

3. 设备折旧费用

设备折旧费用即包括拣货台、打包台、分包台和单层手推车与双层手推车的折旧费用。应采取双倍余额递减法进行折旧费用的计算。双倍余额递减法是在不考虑固定资产残值的情况下，用直线法折旧率的两倍作为固定的折旧率乘以逐年递减的固定资产期初净值，得出各年应提折旧额的方法。与加速折旧法相同，可在第一年折减较大金额。双倍余额递减法是常用的加速折旧方法，其特点是固定资产使用前期提取折旧多，使用后期提取折旧逐年减少，以使固定资产成本在有效使用年限中加快得到补偿。

# 第 9 章

冷链物流中心优化改进意见

9.1 仓储布局优化

9.1.1 储位布局优化

对于储位布局优化问题,本节存储策略优化在使用多指标综合 ABC 分类法制定存储策略的同时,结合商品相关性分析,对 A 类、B 类和 C 类商品的储区规划和储位安排加以调整。首先,通过 ABC 多指标综合分析,找出性质较为相同的商品,实现储位的初步定位。再根据历史有效订单进行商品相关性分析,找出商品间的特殊联系,结合两者的特征分析,对货物的相对储位进行调整,进一步完善整货存储区及零货存储区的存储结构,使其更具合理性。同时,对于整货存储区,尽可能减少拣货人员的行走距离,减少水平回转货架的转动圈数,以更短的时间处理更多的订单,从而提高仓储作业效率,降低冷链物流中心的运营成本。

以牛羊肉类商品为例,根据 ABC 分类结果以及对整体历史有效订单进行的商品关联性分析数据,对属于同类商品之间的相关性进行分析,将相关性强的商品放置于同一货架或者相邻货架上。得出经过多指标综合 ABC 分类法及商品相关性分析得出自动化立体仓库的储位布局优化表。

1. 结合多指标 ABC 分类与商品相关性结果

不同于第 6 章中补货进行的商品相关性分析，对于优化储位布局来说，应根据全部历史有效订单中的数据进行分析，得出其相关性分析结果，对其进行分类整合如表 9-1 所示。

表 9-1　　　　　　　　　订单货品集群分析

商品编号	商品名称	基于 ABC 分析	基于商品相关性分析	综合集群
2001	战斧牛排	A	1	第一集群
2016	羔羊里脊	A	1	第一集群
2015	原切肥牛卷	A	1	第一集群
2029	特级雪花肥牛	B	2	第二集群
2030	肥牛上脑	B	1	第二集群
2031	肥牛眼肉	B	2	第二集群
2018	相间肥牛	C	2	第二集群
2032	羔羊排卷	C	2	第二集群
2017	美国肥牛	C	3	第三集群
2034	牛仔骨	C	3	第三集群
2035	法式羊排	C	3	第三集群

2. 储位优化安排

根据综合分析，得出战斧牛排、羔羊里脊和原切肥牛卷三种商品类型特点相似，且相关性较强，因此将其划分为第一集群；将特级雪花肥牛、肥牛上脑、肥牛眼肉、相间肥牛、羔羊排卷五种商品划分为第二集群；将美国肥牛、牛仔骨、法式羊排三种出库量较少且相关性不大的商品划分为第三集群。

(1) 整货存放——自动化立体仓库储位优化安排。为了取货便利将战斧牛排、羔羊里脊、原切肥牛卷等第一集群，集中摆放在距离出库口较近的区域；将特级雪花肥牛、肥牛上脑、肥牛眼肉、相间肥牛、羔羊排卷等第二集群，集中摆放在仓库的中部区域；将美国肥牛、牛仔骨、法式羊排等第三集群，集中摆放在远离出库口的高层区域，如表9-2所示。

表9-2　　　　　　　自动化立体仓库储位安排

商品编号	商品名称	温度区域	储位安排	集群
2001	战斧牛排	冷冻区	A010102	一
2016	羔羊里脊	冷冻区	A020101	
2015	原切肥牛卷	冷冻区	A020102	
2029	特级雪花肥牛	冷冻区	A010603	二
2030	肥牛上脑	冷冻区	A010604	
2031	肥牛眼肉	冷冻区	A020603	
2018	相间肥牛	冷冻区	A020604	
2032	羔羊排卷	冷冻区	A030603	
2017	美国肥牛	冷冻区	A030604	三
2034	牛仔骨	冷冻区	A011105	
2035	法式羊排	冷冻区	A011205	

(2) 零货存放——水平回转货架储位优化安排。对于水平回转货架来说，每个货架拣货的便捷程度都是相同的，而针对拣货人捡取的便利程度，将三类集群商品分别放置在三个货架的不同位置，如表9-3所示。

表 9-3　　　　　　　水平回转货架储位优化安排

商品编号	商品名称	温度区域	储位安排	集群
2001	战斧牛排	冷冻区	R010107	一
2016	羔羊里脊	冷冻区	R010108	
2015	原切肥牛卷	冷冻区	R010109	
2029	特级雪花肥牛	冷冻区	R010301	二
2030	肥牛上脑	冷冻区	R010302	
2031	肥牛眼肉	冷冻区	R010303	
2018	相间肥牛	冷冻区	R010304	
2032	羔羊排卷	冷冻区	R010305	
2017	美国肥牛	冷冻区	R010306	
2034	牛仔骨	冷冻区	R010213	三
2035	法式羊排	冷冻区	R010214	

9.1.2　功能分区优化

1. 功能分区布局目标

对物流中心功能区进行合理的布局规划是为了减少公司的物流运营成本，进行服务升级，从而最大化提高客户的满意度。进一步加强了公司的核心竞争力，也提高了冷链物流中心的效率和服务。因此本章节从低成本、高效率的角度出发，来探讨电商物流配送中心各功能区内布局规划的现状，并提出其存在的问题，在此基础上通过设施布局优化的方法得到合理的布局方案。

通过分析得出优化后的布局设计方案，有利于降低物流中心的运作成本，提高物流中心的作业效率和服务质量，能够满足日益增长的订单业务量，为供需双方提供更好、更安全、更优质的物流服务。物流中心功能区布局直接影响物流中心的物流运作效率和组织管理，合理的规划布局应满足以下几个方面：

(1) 满足物流中心作业工艺流程的要求，使物资流动顺畅；

(2) 优化功能区布局，使运输线路短捷顺畅，降低物流成本，尽量避免往返运输；

(3) 合理有效利用土地，降低投资成本，衔接周边交通设施；

(4) 方便各功能单元的业务联系，便于中心组织管理；

(5) 满足柔性要求，使之适应服务需求的变化；

(6) 重视人的因素，为职工提供方便、舒适、安全和卫生的工作环境，使之合乎生理、心理的要求，为提高生产效率和保证员工身心健康创造条件。

2. 功能分区布局优化原则。

为了满足物流中心功能区布局规划的目的，在布局中应遵循以下原则：

(1) 近距离原则。在条件允许的情况下，使人员、物资在中心内移动的距离最短，以最少的运输与搬运量，使物资在各功能区间流动，以最快的速度、最小的代价到达用户的手中，并满足客户的要求。提高整个物流中心效率和中心整体运作的有序性。

(2) 布局优化原则。在物流中心布局规划时，应尽量使彼此之间物资流量大、关系密切的功能区靠近，而物流量小、关系不密切的功能区与设施布置得远一些。同时尽量避免物资运输的迂回和倒流，迂回和倒流现象会严重影响物流中心的整体效率与效益，甚至会影响物流中心环境。将迂回和倒流减少到最低程度，使整个物流中心的功能区布局达到整体最优。

(3) 系统优化原则。由于现代物流中心功能拓展，物流中心的功能远远超出了传统的仓储、运输等基本功能，随着商务、展示等联系的加强，在进行物流中心功能设计时应对物流中心进行准确的功能定位，合理考虑各种物流与非物流关系对物流中心功能布局的影响，从而确定合适的比例进行功能布局设计，优化整个物流中心的效率。

(4) 柔性化原则。物流中心的布局建设应随物流量和进出物流中心的物资种类以及社会经济形势的发展变化而做出相应的调整改变。随着社会经济的发展，物流中心物资的流量及种类会发生变化，原布局规划的局限性就会显露出来，因而，物流中心功能布局应该留有发展的空间和适应于变化的设计。

（5）便于管理原则。物流中心的功能布局要有利于货畅其流，有利于生产和管理，有利于各环节的协调配合，使物流中心的整体功能得到充分的发挥并获得最好的经济效益。完善物流增值配套功能，加强与海关、检疫等监管部门的协作，完善通关环境等。

3. 区域功能优化

根据物流中心的作用，一般会把物流中心分成若干个功能区，这样方便货物的流转和出入。在对物流中心功能区进行划分时，一方面要对各区域的功能进行明确的划分，另一方面要对各区域的面积进行优化。

冷链物流中心库房面积近2万平方米，物流中心为双层布局，仓库一层建有装卸平台，东北侧为入库卸车区域，西侧为出库装车区域，一层作业区域主要包括入库区、整货存储区、零货存储区、复核打包区、设备存放区、出库区、异常货物区、办公区等，二层配备电梯，供仓库人员及设备使用，同时配备旋转输送机和垂直升降机，用于货物的出入库作业，二层作业区域主要包括设备存放区、整货存储区、零货存储区、分包区、复核打包区。在此功能区的基础上，根据作业的特点，增加了加工处理区和退换货处理区。具体区域功能划分如表9-4所示。

表9-4　　　　　　　作业区功能划分

作业区	功能
管理功能区	管理功能区的主要功能是负责物流中心的管理，所以一般都是物流中心管理部门以及相关人员办公的地方。而且大多数都是独立的建筑进行办公

续表

作业区	功能
进出货物功能区	进出货物功能区的主要职能是专门用于物流中心货物的进库、入库作业。一般在库房的两个地方，分开进行相关作业的
理货功能区	分包区、复核打包区都属于理货功能区，主要职能是对物流中心入库及出库的货物进行整理
加工功能区	加工功能区的主要功能就是对物流中心的货物进行简易的加工，诸如货物的拆解、货物的包装
存储功能区	存储功能区的职能是对进入物流中心的货物进行储存、保管，一般物流中心都具有相应的储存货物区域
退换货处理区	退换货处理区的主要职能是对顾客退回的货物进行暂时保管和处理
设备存放功能区	设备存放功能区的主要任务是摆放物流中心中使用的日常工具和设备

4. 区域面积规划

（1）进出货区域面积。进、出货区域的面积大小以及构成受到进货量、进货次数、进出货的装卸设备等因素的影响。进出货区域包括多个子功能区，进出货设备存放区，进出货操作活动区，卸货及装货车辆停放区。根据进出货区域的子功能区构成，可计算进出货区域面积，如式（9-1）所示。

$$S_总 = S_1 + S_2 + S_3 \quad (9-1)$$

其中：

S_1——进出货设备存放区；

S_2——进出货操作活动区；

S_3——卸货及装货车辆停放区。

（2）仓储区域面积。仓储区域的规划要从库存量、托盘位（货架）占地面积、通道宽度等几个方面进行规划。

①库存量。一般日均库存量计算方式就是将每天库存数量相加除以相应的天数。而具体仓库的库存量需要根据货物的属性和周转周期来决定，如式（9-2）所示。

$$日库存量 = \frac{库存数量}{天数} \quad (9-2)$$

②托盘位占地面积。首先根据库存量、货架层高计算需要多少个货架，然后根据每个货架的占地面积估算出所需货架总占地面积。进行货架的合理规划，提高功能区域利用效率，如式（9-3）所示。

$$货架层高 = \frac{仓库净高}{货物高度 + 货架厚度 + 冗余空间} \quad (9-3)$$

③通道宽度。根据物料的周转量、物料的外形尺寸和库内通行的运输设备来确定物料周转量大、收发较频繁的仓库，其通道应按双向运行的原则来确定，其最小宽度可按式（9-4）计算。

$$B = 2b + C \quad (9-4)$$

其中：

B——最小通道宽度（米）；

C——安全间隙，一般采用 0.9 米；

b——运输设备宽度（含搬运物料宽度，米）。

（3）加工功能区。经过区域功能的优化，新设置了加工功能区，对一些质量不合格的货品进行简易的加工，如式（9-5）所示。

$$S_总 = S_1 + S_2 \quad (9-5)$$

其中：

$S_总$——加工功能区域总面积；

S_1——加工区域操作活动面积；

S_2——加工区域设备存放面积。

（4）理货区。理货区包括多个子区域，如对货品的分包区域、复核打包区域等多个子功能区，如式（9-6）所示。

$$S_总 = \sum S_i (i = 1, 2, 3, \cdots, n) \quad (9-6)$$

其中：

n——子功能区数量；

$S_总$——理货功能区域总面积。

(5)退货区。根据每月退回货品的数量,以及对废弃货物、需回收货物、残次货物的工作量进行对退货功能区的优化。

5. 区域面积优化组合

将各个功能区对象化,各个功能区的面积率进行初始化,并在物流流量和存量上给予一定的约束,然后通过对单位面积成本的寻优判定,用计算机模拟出物流中心各个功能区的最优面积组合。具体流程如图9-1所示。

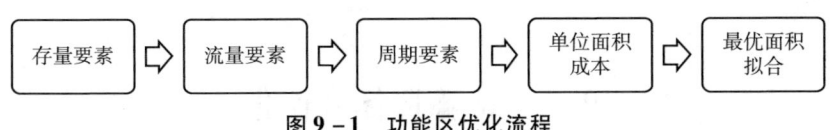

图9-1 功能区优化流程

(1)存量要素。确定功能区面积首先需要确定库容量,通常在规划物流中心的时候是为将来做规划,也就是说这里有一个库存预测的过程,但库存的预测是企业经营和供应链端的问题,在物流中心规划的时候可以对这个过程做一定的简化。

(2)流量要素。要确定物料的吞吐量,在物流中心的进向和出向中都和物料本身的吞吐量相关,在进向作业和出向作业的不同流程中,物料缓存的空间需要作为一个功能区并占用面积。

(3)周期要素。这里的周期主要是指作业的批量与批次,在流量的基础上增加对批量与批次的分析可以让面积更加精确,多批次小批量功能区面积的比重较小,反之较大。因此当吞吐量较大的情况下,虽然批次多,实际上功能区面积占用不会较高;但在吞吐量相同、批次少的情况下,在进向和出向物流作业的功能区面积占用的比重便会相对较大。

(4)单位面积成本。单位面积成本分为单位面积流量成本和单位面积存量成本,单位面积流量成本是每个功能区中单位时间内(天)在每平方米中平均通过了多少托盘量的成本;单位面积存量成本是每个功能区中单位时间内（批次）存储或者缓存了多少托盘量的成本。单位面积成本用于作为目标函数进行功能区最优面积的拟合。

（5）最优面积拟合。在测算出各功能区的存量、流量、服务周期后将其作为约束条件，然后将流量的批次和面积率作为决策变量，并且给定每个功能区面积率的一个初始比率值。如果提高运算效率，可以将各个功能区面积率设定一个经验区间，使其在区间内进行优化组合。

9.2 设施设备的优化

9.2.1 包装优化

科学准确地进行包装作业，是物流中心作业优化的关键一步。对于包装作业，可以从两个方面入手：一方面是包装材料的优化，使得包装成本低、质量高、环保性好、持续性强；另一方面是包装箱空间布局的优化，最大限度地利用好包装箱空间，有助于提高包装箱的利用效率，降低成本、提高效益。

1. 包装材料的优化

在冷链物流中心的仿真操作中，发现其包装箱材料多为纸箱，一方面采用纸箱环保性较差，另一方面纸箱的保温效果较差，所以要对其包装材料进行优化。冷链物流的包装和普通的包装相比有一些特殊的要求：一是耐低温性要求高，因为需要冷链物流的商品很多要求环境温度在 $-18℃$ 以下，肉制品以及药品甚至需要在 $-35℃$ 下运输与保存；二是材料安全性要求高，考虑到冷链物流的特殊性，一般对包装的材料要求均为食品级别。

表9-5列举了3种新型的包装材料。

表 9-5　　　　　　　　　　先进包装材料

材料	功能
抗氧化活性膜	在冷链运输过程中，氧化反应是导致新鲜商品变质的最重要原因，因此抑制氧化反应是一个关键。抗氧化活性膜的特点是在包装上涂抹有抗氧化剂，在一定时间内抗氧化剂渗透到薄膜中，以抑制食物腐败氧化
纳米保鲜膜	在冷链食品包装中，加入纳米粒子可以提高薄膜的力学、生物降解和抗菌等性能
生物可降解膜	使用合成有机物这种材料进行包装，可以最大限度地减少对人体和环境的破坏

以上 3 种新型的包装分别有成本低、冷链保鲜效果好、绿色环保的优点。从短期看，包装材料优化可能相较于传统的纸箱包装成本较高，但其保温效果以及环保性能高，从长期看具有较大的优势，同时也符合了"绿色物流"的思想。

2. 包装箱空间布局的优化

（1）问题分析。经过观察分析，发现人工包装的环节往往存在一些浪费现象。冷链物流中心打包处有五种固定型号的包装箱，如表 9-6 所示。而打包员在打包的时候，由于人工打包大多纯靠肉眼和经验判断，很难对商品的体积和体重精准估算，可能会出现一个订单只能装满半个箱子，有些商品虽然体积不大但是很重，还没装满就导致包装箱变形，这些都会造成一定的浪费。

表 9-6　　　　　　　　　　包装箱信息

纸箱型号	纸箱规格（厘米）	纸箱容积（立方厘米）	单次使用成本（元）	备注
Z1	8*9*13	900	0.1	（1）冷藏面包类商品不和水果生鲜类混装 （2）含有乙烯类水果不和其他水果混装 （3）易碎商品需在打包箱外侧贴上易碎标志 （4）单箱子限 15 件，包裹重量不超过 8 公斤
Z2	11*14*21	3 000	0.2	
Z3	19*23*35	15 000	0.3	
Z4	21*27*43	24 000	0.4	
Z5	23*29*53	35 000	0.5	

(2) 优化解决。通过大数据和大规模优化技术,推出一套"智能打包算法技术",系统会立刻对商品的属性、数量、重量、体积,甚至摆放的位置都综合进行计算,可迅速地与箱子的长宽高和承重量进行匹配,并且计算出需要几个箱子,商品在箱子里面如何摆放最节省包装。整个计算过程不足 1 秒。

可以利用算法优化,帮助仓库用更小的箱子装下所有的货品。在订单生成的那一瞬间,系统会自动计算出这个订单需要多大的箱子、几个箱子来装,找到最省材料的包装方法。相比粗放的人工包装,至少可节省 5% 以上的包装耗材。并且"智能打包算法技术"在成本、效率上都要大大优于人工判断包装,具体流程如图 9-2 所示。

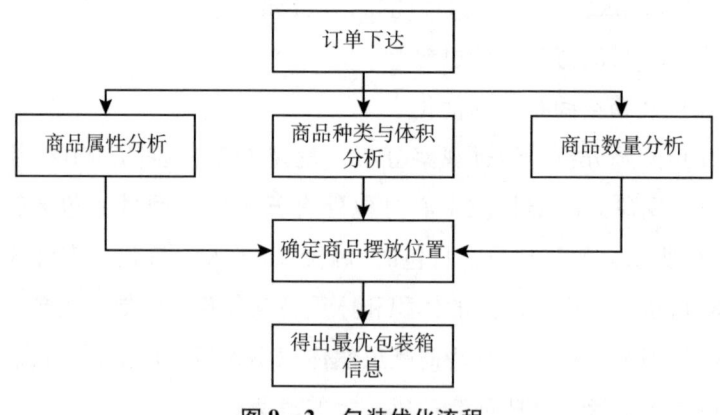

图 9-2 包装优化流程

9.2.2 设备的智能优化

物流中心建设的目标,是面对不确定的市场订单变化,给客户提供一个高确定性的物流产出质量,在这种背景下,物流中心产能的柔性规划与产能扩展成为大家关心的焦点。在高可靠性要求与柔性技术应用结合的背景下,对物流中心的要求也越来越高。基于对冷链物流中心的仿真操作,可以从中发现:一部分的堆垛以及码盘包装等作业需要由人工完成，效率较低；中型货架和重型货架并没有引入智能化的标签系统，使得拣选效率较为低下。

1. 码垛机器人

码垛机器人是机械与人工智能有机结合的产物，在食品工业领域，其可用于罐装、瓶装、纸箱、袋装、箱体等各类形状或不规则包装物的码垛、拆垛作业。

一般来说，码垛机器人安置在食品工业流水线末端，再辅以托盘，将流水线上下来的包装物整齐的码放在托盘之上，然后由工人操作叉车将货物运往其他环节，利用码垛机器人有利于仓储或者运输。全自动码垛机械是将装入包装物中的物料或者是经过包装和未经包装的规则物品，按一些排列码放在托盘上，进行自动堆码，可堆码多层然后推出，便于继续进行下一步包装或者叉车运至仓库储存。实现智能化操作管理，可大大地减少劳动人员和降低劳动强度。

2. 智能化标签

智能化标签的新型快递模式正逐渐扩散至全国。可以在冷链物流中心引入图像识别系统、磁条引导、激光引导、高频 RFID 引导和机器视觉识别系统，通过识别地面上铺设的二维码来实现地面路径的有序通行，并根据感应避开障碍物及其他机器人，将快件正确进行分拣。

3. 智能机械手

冷链物流中心可以引入负责分拣的智能机械手。采用机器人分拣的方式，降低了人工操作可能出现的失误，效率的提升效果则更加喜人。根据数据计算，全自动的分拣机器人甚至可达到每小时分拣 4 万件的速度。可见，智能化技术令物流速度获得了大幅的提升。机械手的应用可使"一客多单"及"多单合单"问题得到更有效率地解决，机械手将放有拣选产品的周转箱转移输送，并后续通过辅助机械手进行抓取再次拣选，将商品放置在输送带上整合成整单，令仓储式发货效率更加理想。

9.2.3 托盘作业优化及仿真验证

1. 策略简介

搬运作业的重大原则就是作业量最少原则。即当货物移动时尽量减少"二次搬运"和"临时停放",使搬运次数尽可能减少。为了提高运输效率,当然希望尽可能地减少转载作业。但是,运输中意外的途中换装作业是很多的,例如,在有些物流活动作业时,线路上的运输是一次完成的,但是其前后的作业则最少需要6~8次。假如这6~8次换装作业每次都要将托盘上的货物转移到别的托盘上,则全程的装卸作业很繁重,就会丧失托盘运输的效果。反之,如果货物在始发地装上托盘之后,不管途中有怎样复杂的货物储运作业过程,都不改变托盘上货物的原状,直达终点,就能充分发挥托盘运输的效果。

因此,为了提高物流中心的托盘作业效率,可以引入托盘联营策略,具体如表9-7所示。

表9-7 托盘联营策略

模式	及时交换方式	租赁联营方式	租赁与及时交换并用方式
实现形式	运输部门从发货人处接受载货托盘时,交付同样数量的空托盘,并在向收货人交付载货托盘时,从收货人那里领回同样数量的空托盘。当然,为了能够顺利进行同样数量的托盘及时交换,周转托盘的质量及尺寸必须严格统一	联营用的托盘易于统一规格,即使在一个局部也能够建立联营,使用托盘的收货人或发货人,仅需在必要时借来必要数量的托盘即可	这种双重方式的要点在于,使各自分别实行不同交换联营方式的众多运输企业,可以相互联系和集结

2. 优化方案验证

通过对冷链物流中心系统的仿真操作,以入库作业为例,可以得出各操作步骤及每步所用的系统操作时间,如表9-8所示。

表9-8　　　　　　　　仿真操作时间分布

步骤	仿真系统用时（分钟）
订单处理	1.45
托盘摆放作业	1.00
货品内外部温度检查	2.03
货物堆垛作业	1.58
码盘作业	1.97
托盘搬运上架工作	1.75

如果对冷链物流中心的托盘作业进行优化，可以得出以下的优化方案，如表9-9所示。

表9-9　　　　　　　　方案优化后用时

步骤	仿真系统用时（分钟）
订单处理	1.45
货品内外部温度检查	2.03
托盘搬运上架工作	1.75

如果采取托盘共用策略[78][79]，省去了托盘摆放作业、货物堆码作业以及码盘工作，这一部分入库作业缩短的时间为：

$$1 + 1.58 + 1.97 = 4.55（分钟）$$

提高的入库作业效率：

$$4.55/(4.55 + 1.45 + 2.03 + 1.75) \approx 46\%$$

用该托盘作业优化方案可知：入库作业的效率约提高了40%，大大提高了冷链物流中心的作业效率，节约了码盘作业以及货物堆垛所浪费的时间，节约了大量的人力和物力，使得物流中心的作业效益大大提高。

9.3 作业流程优化

9.3.1 物流中心需求预测

根据历史订单有效订单数据（2020年9月7日~2020年9月13日），对冷链物流中心进行需求预测，本书采用灰色预测模型，按照GM（1，1）模型进行预测分析，将历史有效订单中7天的订单量作为原始数据对冷链物流中心的订单作业量进行预测，得到后验差比值为0.204，预测精度良好，但由于历史订单数据较少，无法准确预测长期发展情况，灰色预测结果如图9-3所示。

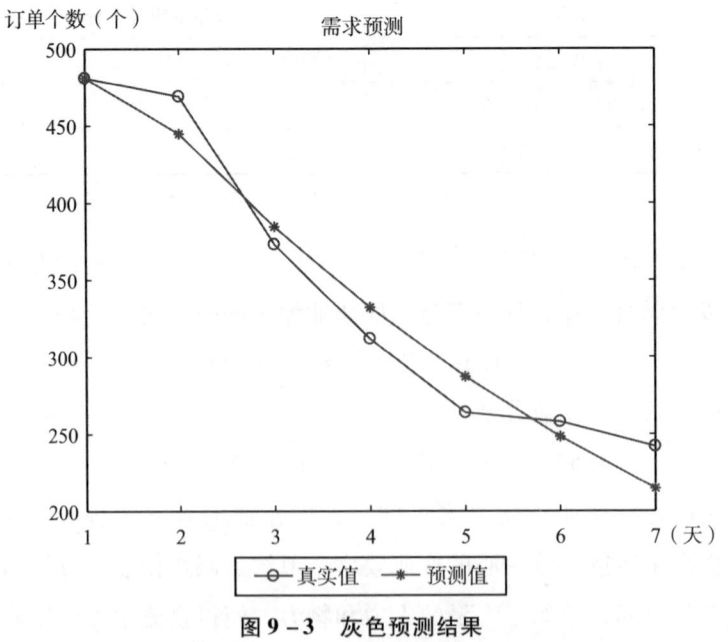

图9-3 灰色预测结果

9.3.2 冷链物流中心管理优化

1. 冷链物流运作条件

冷链物流中心的管理与存储一般货品的物流中心的管理有所不同，冷链物流中心的管理对物品质量、温湿度、物品特性、储存环境的要求更为严格。

（1）"3P"条件，指物品的质量（produce）、处理工艺（processing）、包装（package），要求冷链产品的原材料质量好，处理工艺品质高，包装符合物品的特性，这是物品进入冷链的"早期质量"。

（2）"3C"条件，指在整个生产加工与流通过程中，对物品的爱护（care）、保持清洁卫生（clean）的作业环境，以及低温（cool）的环境，这是保证物品"流通质量"的基本要求。

（3）"3T"条件，即著名的"3T"理论，指时间（time）、温度（temperature）、耐藏性（tolerance）。该理论表明：在一定的温度下，对每一种冻结物品所发生的质量下降与所经历的时间存在确定的关系，大多数冷冻食品的质量稳定性是随着食品温度的降低而呈指数提高；冻结物品在储运过程中，因时间和温度的变化而引起的质量降低是累积的，并且是不可逆的，但与所经历的顺序无关。

（4）"3Q"条件，指冷链中设备的数量（quantity）协调、质量（quality）标准的一致，以及快速的（quick）作业组织，对冷链物流各个作业环节的衔接管理与协调是非常重要的；冷链中设备数量（能力）和质量标准的协调能够保证物品总是处在适宜的环境（温度、湿度、气体成分、卫生、包装），并能提高各项设备的利用率。因此，要求产销部门的预冷站、各种冷库、运输工具等，按照冷链物流的运行规律互相协调发展。快速的作业组织则是指加工部门的生产过程，经营者的货源组织，运输部门的车辆准备与途中服务、换装作业的衔接，销售部门的库容准备等均应快速组织并协调配合。

(5)"3M"条件,指保鲜工具与手段(means)、保鲜方法(methods)和管理措施(management),在冷链物流中所使用的储运工具及保鲜方法要符合物品的特性,以达到最佳的保鲜效果;同时,要有相应的管理机构和行之有效的管理措施,以保证冷链协调、有序、高效地运转。这些条件分别从产品特性、设施设备条件、处理工艺条件、人为条件等方面为冷链物流的实施提供了保障,这些因素互相影响、相互作用,如设备条件对处理工艺、管理和作业过程均有直接影响。因此,要合理配置各要素资源均衡发展相关要素条件。

2. 优化策略

针对冷链物流中心的运作条件,制定了相关的优化策略,如表9–10所示。

表9–10　　　　　　　　运作条件优化策略

要素	优化思路
产品特性	不同原料存储温度条件、冷却方法和单元包装要求等都会有差异。冷藏产品的品质变化主要取决于控制温度计温度的可变化范围,存储物品的温度影响,甚至存储物品表面温度与内在温度间的温度梯度也会对其品质产生影响。在冷链物流中心的货品储存中,根据货品特性控制好冷藏区和冷冻区的温湿度
冷链仓储设备	冷链仓储设备的数量、质量及其在库房内的布局与控制管理模式、温湿度监控系统与管理运营平台、低温环境和保鲜贮运工具等。针对冷藏冷冻手段与工艺选择适合的冷链仓储设备,以确保冷链仓储环境符合环境温度、湿度、气体成分、卫生等要求
处理工艺	冷链仓储的工艺水平、包装条件和清洁卫生程度等。采取新型包装材料对冷链仓库储存货物进行处理,提高货物储存水平
作业管理	优化对人员的管理模式,提高人员作业效率,合理规划码盘、上架等作业的时间

9.3.3　运作流程中存在的问题

通过进入冷链物流中心进行仿真操作,得出了物流中心作业流程中所存在的一些问题。

1. 入库作业

（1）在入库作业的操作中，仓库人员进行托盘堆垛，货物码盘所耗用的时间较长，大大降低了入库的作业效率，影响了后续作业的进度。

（2）在入库作业的操作中，对货物和车厢的温度检查消耗时间也较长，一方面影响了物流中心内部的作业效率，另一方面储存货物的车厢没有配备较为科学的测温仪器，人工进行检测时，准确性较低，容易出现误差。

2. 分拣作业

（1）冷链物流中心的拣选作业的订单处理多以人工操作为主，作业效率较低，当订单数量较少时，人工处理可以灵活准确完成；当订单数量较大时，人工处理的准确性大大降低，影响作业效率。

（2）冷链物流中心设有三个分拣口，每个分拣台每次最多录入12张分拣单，每个分拣台对应两个水平回转货架出货口，且为人工分拣，任务量大，拣货的准确性可能会受到影响。

3. 补货作业

冷链物流中心拣货作业采取"货到人处拣选"，是将存有所需货物的托盘或货箱由堆垛机至拣选区，拣选人员按提货单的要求拣出所需货物，再将剩余的货物送回原地。一些不在补货订单上的货品，因为与目标货品在同一个单元托盘上，也需要一起出库，这就使得仓库进行了一些无效用的作业，会降低物流中心的作业效益。

4. 出库作业

冷链物流中心出库运作过程中，散件货物从水平回转货架取出，进行分包之后，直接在传送带上运送到出库集货口，没有考虑到从出库到装车具有一定的滞后性，没有设置一个出库货物的暂存区域。

5. 管理信息系统作业

（1）冷链物流中心的管理信息系统上，没有关于仓库内残次品或者还需进行二次加工的货物信息统计。

(2) 冷链物流中心的管理信息系统上缺少对于退换货信息的记录，因为冷链仓库主打生鲜类产品，顾客对产品质量要求较高，一定会存在一些退货需求，而这些货品的处理方式和信息记录都没有在管理信息系统上显示。

9.4 新冠肺炎疫情下的冷链物流中心优化

新冠肺炎疫情下的冷链物流暴露出诸多问题，但是消费群体对生鲜食品的需求激增，也让冷链物流行业迎来了新的发展机遇。结合实际，针对疫情下的冷链物流中心优化有了以下几点思考。

9.4.1 基于新科技的智能化冷链物流中心

1. 基于人工智能技术提升冷链物流高效运营能力

冷链物流中心可以通过开展移动式共享冷库、智能仓储、智能分拣、智能客服、智能配送系统建设，依托互联网平台整合冷链资源，动态汇聚冷库地址、库容、冷藏车辆、配送处理中心、支线干线等信息形成冷链物流信息网络，利用人工智能技术将其与订单信息、产品监测信息等进行深度的关联分析，提供专业的移动式冷库共享调取、运输线路优化、订单整合和多式联运方案，减少不必要的中间环节，形成集产供销为一体的智能化冷链物流体系，并最终打造以冷链物流为核心的生态体系，大幅提升冷链物流资源的利用率和社会效益。冷链物流中心在新冠肺炎疫情的冲击下，可以考虑打造智能化体系，加强对整个链条的检测，以保证其安全性。

2. 基于大数据技术提升冷链物流监管与决策能力

将冷链物流全过程的智能监测数据，包括车辆位置及路径信息、车牌号、车内温度、车速油耗、产品重量、价格、质量检测信息、视频监控数据等适时传入大数据平台，实现数据的统一汇聚。在疫情下，大数据的分析是极为重要的，冷链物流中心可以发展大数据技术，这样可以更好地掌握从上游供应商到下游消费者的商品流动路径。

3. 基于多网融合提升冷链物流的信息处理能力

冷链物流中心应考虑以疫情中紧急构建多部门协同机制为契机，迅速打通冷链物流与相关行业现有大数据壁垒，提高冷链物流中心的信息处理和研判能力。

9.4.2 冷链物流中心信息化发展

1. 基于5G通信和物联网技术提升冷链物流信息采集传输能力

在新冠肺炎疫情下，冷链物流中心可以通过建设5G通信、定位导航和物联网技术相融合的网络系统，实现对路径、环境、车辆和货物监测数据的实时采集传输，为监管和溯源提供数据资源，为行业资源优化配置和企业高效运营提供基础。

2. 基于区块链技术提升冷链物流产品溯源能力

冷链物流包含了产品从生产到消费的所有环节，参与的企业众多，利用区块链技术去中心化、不可篡改的特点，冷链物流中心可以将冷链产品的生产、检测、存储、运输、配送、销售等信息上链，解决各方的信任问题，并利用智能合约，自动完成上下游企业的交易，同时为消费者提供一个可靠的溯源平台。为冷链物流中心的消费者提供可靠的商品货源，有助于降低风险、提高效益。

9.4.3 新冠肺炎疫情下的管理模式优化

1. 作业人员管理

加强对冷链物流中心各环节作业人员的健康检测。若出现发热、干咳等症状，不得带病上班，并参照相关防控指引要求就医。作业人员在岗时应当根据岗位需要正确佩戴口罩、手套等，必要时佩戴护目镜，手不应直接接触冷链食品。作业人员之间保持合理距离，做好个人防护。对使用过的个人防护用品应分类、规范处置，作业后做好手部清洁与消毒。加强对作业服装的日常清洁、消毒，在冷库内穿着的服装要定期消杀和更换。企业应为外出运输、配送人员配备消毒剂、纸巾、消毒湿巾等防护用品，以供其在没有洗手设施情况下清洁双手，外出作业完成后，作业人员应及时做好自身清洁。各环节应尽量实现人员无接触作业。

2. 货物管理

加强冷链物流中心食品源头管理。对于进口冷链食品，进口商或货主应配合相关部门对食品及其包装进行采样检测。对于本地肉类屠宰、加工、经营企业，应严格执行冷链食品的相关质量管理规范和操作规范，加强环境卫生管理。

在冷链物流过程中，物流包装内如需加装支撑物或衬垫，应符合相关食品安全卫生要求。物流包装上应注明冷链食品储运的温度条件。加强对货物装卸搬运等操作管理，不能使货物直接接触地面，不能随意打开冷链食品包装。应保障在运输、储存、分拣等过程中冷链食品的温度始终处于允许波动范围内。做好各交接货环节的时间、温度等信息记录并留存。

3. 运输车辆管理

冷链物流中心要加强对车辆的卫生管理，重点是车辆厢体部分，应确保厢体内部清洁、无毒、无害、无异味、无污染，定期进行预防性消毒。具备条件的企业应在车辆厢体内配置具有异常报警功能的温度自动记录设备，对运输过程中厢体内的温度进行实时监测和记录，温度超出允许的波动范围应报警。车辆制冷系统、测温设备应定期检查、保养及校验，发现异常及时维修。运输过程中不应擅自打开车辆厢门。运输中冷链食品不应与非食品货物混装。不同温度要求的冷链食品不应混装。具有强烈气味、容易吸收异味或需单独存放的敏感冷链食品不应与其他食品混装。完成卸货后，应及时对车辆厢体、随车器具等进行清洗、消毒、通风。

4. 储存管理

冷链物流中心仓库装卸货区宜配备封闭式月台，并配有与冷藏运输车辆对接的密封装置。加强入库检验，除查验冷链食品的外观、数量外，还应查验冷链食品的中心温度。加强库内存放管理，冷链食品堆码应按规定置于托盘或货架上。冷链食品应按照特性分库或分库位码放，对温湿度要求差异大、容易交叉污染的冷链食品不应混放。应定期检测库内的温度和湿度，库内温度和湿度应满足冷链食品的储存要求并保持稳定。库房内不应存放有毒、有害、腐烂变质货物，应定期检查货物质量，及时清理变质和过期食品。定期对仓库内部环境、货架、作业工具等进行清洁、消杀。

5. 下游销售管理

冷链物流中心对订购货物的商超专配，定期检查温度控制、运行和维护等情况，保持设备有效使用，并做好设施的日常卫生管理和预防性消毒。加强冷链食品安全抽检，食品经营者要及时清理过期和变质食品，主动防控风险。

第 10 章

总结与展望

10.1 总　　结

新零售模式的出现，对生鲜等食品冷链物流提出了更高的要求。满足消费者对于生鲜冷链食品的多频次、高时效、快响应、高品质等需求，提高冷链物流运营质量、优化冷链作业流程、控制冷链物流成本等是当前冷链物流产业发展面临的重要问题。

本书的目标是在新零售背景下，通过现代虚拟仿真技术分析当前典型冷链物流企业运营现状及流程，以案例形式对冷链物流运营的各个环节进行虚拟数据采集与分析，针对仓储管理中的商品储位管理、拣选作业、补货作业、自动化回旋货架拣选算法模型、流通加工作业等各个作业流程提出了合理的运营策略及优化建议。本书主要包含了以下四个部分的内容：

（1）分析研究了当前我国冷链物流产业的发展现状，对行业所处阶段及规模做了梳理；分析研究了国内外关于冷链物流及新零售方面的研究现状及相关文献并进行了较为系统的整理。

（2）借助3D虚拟仿真软件，对一典型新零售背景下生鲜冷链物流运营中心进行场景式调研与分析，内景呈现新零售背景下中型规模冷链物流服务中心基本情况；结合新零售模式下消费者对生鲜冷链食品的最新需求，进行冷链物流运营的数据采集与分析，即从2C端与2B端两个方面对订单配送服务进行优化，合理划分出库作业时窗。

（3）针对冷链物流服务的作业流程与特征，进行合理的运营策略优化：进行入库存储策略设计，运用ABC-FSN分类法对货物进行储位计划制订；构建订单聚类分析模型，对商品进行聚类分析，优化订单拣选模型；基于Apriori算法对商品相关性进行分析，从而得出合理的补货计划。

（4）新零售背景下冷链物流运营优化。对冷链物流的单旋转水平回转货架拣选系统进行优化，设计合理的拣选路径优化模型，解决水平回转货架系统拣选作业优化调度问题，为新零售背景下冷链物流运营及优化提出创新、可行的参考建议。

10.2　下一步工作及展望

基于上述研究的局限与不足，本书拟对后续可能的研究进行探索。

（1）理论模型的进一步拓展。为了获得更丰富的研究结论，可以考虑对本书的水平回转货架拣选优化模型进一步拓展。以水平与垂直立体两方向联合为基础，针对分层水平旋转货架拣选作业路径优化问题（MCS-OOP），建立一个完备的拣选优化仿真模型，以适应新业务要求，进一步提高拣选效率。

（2）新冠肺炎疫情背景下新零售冷链物流发展的政策研究。新冠肺炎疫情对中国乃至世界经济造成了持续的、严重的负向冲击，在未结束本次疫情之前，各种防控措施对人们的生产、生活方式产生了巨大的影响。这也引发了结构性变化，线上、线下、物流深度融合的新零售行业在疫情期间迎来高增长。新型冠状病毒可以通过冷链实现跨国传播已经被证实，对新冠肺炎疫情防治也造成了新的问题，从政策层面对新冠肺炎疫情背景下新零售冷链物流发展的影响因素进行研究是下一步面临的主要工作。

附录

附录1　　库存商品信息表(部分)

库区	货架类型	物料代码	物料名称	分类	价格(元)	库存量(件)	物料尺寸(厘米)
冷冻库区	回转货架	2003	韭菜猪肉水饺	速冻食品	20	12	20*10*20
冷冻库区	中型货架	2003	韭菜猪肉水饺			10	
冷冻库区	回转货架	2004	三鲜猪肉水饺	速冻食品	12	8	20*10*20
冷冻库区	回转货架	2005	鲜美猪肉上汤小云吞	速冻食品	20	20	20*10*20
冷冻库区	立体多层	2005	鲜美猪肉上汤小云吞			520	
冷冻库区	回转货架	2006	玉米猪肉水饺	速冻食品	15	9	20*12*20
冷冻库区	回转货架	2007	中华面点全麦馒头	速冻食品	16	16	20*20*20
冷冻库区	回转货架	2008	中华面点鲜美猪肉包	速冻食品	16	16	20*20*20
冷冻库区	中型货架	2008	中华面点鲜美猪肉包			10	
冷冻库区	立体多层	2009	小布丁(奶油)雪糕	速冻食品	10	600	10*10*10
冷冻库区	回转货架	2009	小布丁(奶油)雪糕			6	
冷冻库区	立体多层	2010	伊利奶提子雪糕	速冻食品	15	600	10*5*20
冷冻库区	回转货架	2010	伊利奶提子雪糕			5	
冷冻库区	立体多层	2011	伊利大奶糕	速冻食品	12	600	10*20*10
冷冻库区	回转货架	2011	伊利大奶糕			5	
冷冻库区	立体多层	2012	老冰棍	速冻食品	12	600	20*5*2
冷冻库区	回转货架	2012	老冰棍			8	
冷冻库区	回转货架	2013	冰工厂(冰片蜜桃)棒冰	速冻食品	15	16	10*2*2
冷冻库区	回转货架	2014	冰工厂(山楂爽)棒冰	速冻食品	12	13	10*5*4
冷藏库区	托盘货架	2020	黄瓜	瓜类	3	240	20*5*10

续表

库区	货架类型	物料代码	物料名称	分类	价格（元）	库存量（件）	物料尺寸（厘米）
冷藏库区	托盘货架	2021	雪梨	茄果类	3	180	10*5*10
冷藏库区	托盘货架	2022	香蕉	茄果类	3	360	10*6*10
冷藏库区	托盘货架	2023	香瓜	瓜类	6	200	20*6*10
冷藏库区	托盘货架	2024	土豆	根菜类	6	360	18*10*10
冷藏库区	托盘货架	2025	胡萝卜	根菜类	6	480	12*16*10
冷藏库区	托盘货架	2026	茼蒿	绿叶类	6	810	16*10*10
冷藏库区	托盘货架	2027	芹菜	绿叶类	3	580	20*5*16
冷藏库区	托盘货架	2028	洋葱	根菜类	5	380	10*10*12
冷冻库区	回转货架	2036	旺旺碎碎冰	速冻食品	12	12	12*2*6
冷冻库区	回转货架	2037	红豆冰棍	速冻食品	20	16	16*6*4
冷冻库区	立体多层	2038	八喜冰淇淋	速冻食品	40	290	16*4*2
冷冻库区	回转货架	2038	八喜冰淇淋			2	
冷冻库区	回转货架	2039	马迭尔冰棍冰淇淋	速冻食品	20	19	12*10*2
冷冻库区	立体多层	3003	味付螺肉	速冻食品	50	240	10*6*2
冷冻库区	立体多层	4001	剑鱼柳	速冻食品	60	240	20*6*3
冷冻库区	立体多层	5001	半壳扇贝	速冻食品	30	380	12*6*4
冷冻库区	回转货架	5001	半壳扇贝			14	
冷冻库区	回转货架	5002	半壳生蚝	速冻食品	60	16	16*8*2
冷冻库区	回转货架	5003	北海道熟带子	速冻食品	30	13	16*8*2
冷冻库区	回转货架	5004	冻生蚝肉	速冻食品	20	26	19*6*3
冷冻库区	回转货架	5005	冻煮帆立贝	速冻食品	60	11	12*6*4
冷冻库区	回转货架	5006	纽西兰青口	速冻食品	60	19	20*8*6
冷冻库区	回转货架	5007	青口贝	速冻食品	360	15	16*4*6
冷冻库区	回转货架	5008	日本秋刀鱼	速冻食品	36	7	18*4*4
冷藏库区	托盘货架	7008	菠菜	绿叶类	2	80	10*1*1
冷藏库区	托盘货架	8002	蜜薯	根菜类	4	170	12*6*4
冷藏库区	托盘货架	8004	山药	根菜类	16	320	20*4*4

附录2 2C端电商零售城市配送的订单数据处理表（部分举例）

订单编号	出货量（件）	累计出货量占比（%）
OL2020091000095	100	1.89
OL2020091000135	70	3.21
OL2020091000123	65	4.44
OL2020091000046	60	5.58
OL2020091000079	60	6.71
OL2020091000226	60	7.84
OL2020091100272	60	8.98
OL2020090900190	50	9.92
OL2020091000025	50	10.87
OL2020091000168	50	11.81
OL2020091000267	50	12.76
OL2020091100078	50	13.70
OL2020091100132	50	14.65
OL2020091100231	50	15.59
OL2020091200052	50	16.54
OL2020091200292	50	17.48
OL2020091300048	50	18.43
OL2020090900230	40	19.18
OL2020091100014	40	19.94
OL2020091100041	40	20.70
OL2020091100112	40	21.45
OL2020091100177	40	22.21
OL2020091200007	40	22.96
OL2020091200035	40	23.72
OL2020091200122	40	24.48
OL2020091200168	40	25.23
OL2020091200207	40	25.99
OL2020091300010	40	26.74

续表

订单编号	出货量（件）	累计出货量占比（%）
OL2020091300030	40	27.50
OL2020091300090	40	28.26
OL2020091300122	40	29.01
OL2020091300174	40	29.77
OL2020091300254	40	30.52
OL2020090800116	34	31.17
OL2020090700869	30	31.73
OL2020090800128	30	32.30
OL2020091000156	30	32.87
OL2020091100059	30	33.43
OL2020091200226	30	34.00
OL2020091200321	30	34.57
OL2020091200341	30	35.14
OL2020091300069	30	35.70
OL2020090700011	27	36.21
OL2020090800110	26	36.70
OL2020090800130	26	37.20
OL2020090700428	24	37.65
OL2020090800120	24	38.10
OL2020090700415	23	38.54
OL2020090700520	23	38.97
OL2020090800139	23	39.41
OL2020090800310	22	39.82
OL2020090700325	21	40.22
OL2020090700615	21	40.62
OL2020090800172	21	41.01
OL2020090700358	20	41.39
OL2020090800040	20	41.77

续表

订单编号	出货量（件）	累计出货量占比（％）
OL2020090900101	20	42.15
OL2020090900321	20	42.53
OL2020091200330	20	42.90
OL2020090700732	19	43.26
OL2020090700745	19	43.62
OL2020090700769	19	43.98
OL2020090800062	19	44.34
OL2020090800071	19	44.70
OL2020090800085	19	45.06
OL2020090800101	19	45.42
OL2020090800132	19	45.78
OL2020090800142	19	46.13
OL2020090800155	19	46.49
OL2020090800214	19	46.85
OL2020090900131	19	47.21
OL2020091000189	19	47.57
OL2020090700115	18	47.91
OL2020090800047	18	48.25
OL2020090800624	18	48.59
OL2020090900052	18	48.93
OL2020091300018	18	49.27
OL2020090700365	17	49.59
OL2020090700644	17	49.91
OL2020090700725	17	50.24
OL2020090800028	17	50.56
OL2020090800035	17	50.88
OL2020090900006	17	51.20
OL2020090900108	17	51.52

续表

订单编号	出货量（件）	累计出货量占比（%）
OL2020090900195	17	51.84
OL2020091000230	17	52.16
OL2020091200147	17	52.49
OL2020090700058	16	52.79
OL2020090700223	16	53.09
OL2020090800107	16	53.39
OL2020090900048	16	53.69
OL2020090900239	16	54.00
OL2020091000086	16	54.30
OL2020091100005	16	54.60
OL2020091100287	16	54.90
OL2020090700934	15	55.19
OL2020090800010	15	55.47
OL2020090800091	15	55.76
OL2020090800168	15	56.04
OL2020090800500	15	56.32
OL2020090900072	15	56.61
OL2020090900487	15	56.89
OL2020091000150	15	57.17
OL2020091100100	15	57.46
OL2020091100125	15	57.74
OL2020091200158	15	58.02
OL2020091300005	15	58.31
OL2020091300037	15	58.59
OL2020090700079	14	58.85
OL2020090700127	14	59.12
OL2020090700302	14	59.38
OL2020090700527	14	59.65

续表

订单编号	出货量（件）	累计出货量占比（%）
OL2020090700547	14	59.91
OL2020090800689	14	60.18
OL2020090900024	14	60.44
OL2020090900050	14	60.71
OL2020090900061	14	60.97
OL2020090900075	14	61.24
OL2020090900119	14	61.50
OL2020090900156	14	61.77
OL2020090900445	14	62.03
OL2020091000102	14	62.29
OL2020091000142	14	62.56
OL2020091000195	14	62.82
OL2020091000254	14	63.09
OL2020091100035	14	63.35
OL2020091100105	14	63.62
OL2020091100141	14	63.88
OL2020091100189	14	64.15
OL2020091200135	14	64.41
OL2020091200175	14	64.68
OL2020091200258	14	64.94
OL2020091200281	14	65.21
OL2020091200300	14	65.47
OL2020091300117	14	65.73
OL2020090700620	13	65.98
OL2020090700857	13	66.23
OL2020090800325	13	66.47
OL2020090800433	13	66.72
OL2020090800724	13	66.96

续表

订单编号	出货量（件）	累计出货量占比（%）
OL2020090900015	13	67.21
OL2020091000060	13	67.45
OL2020091000215	13	67.70
OL2020091000245	13	67.95
OL2020091000288	13	68.19
OL2020091000295	13	68.44
OL2020091100021	13	68.68
OL2020091100052	13	68.93
OL2020091100254	13	69.17
OL2020091100510	13	69.42
OL2020091100525	13	69.67
OL2020091200010	13	69.91
OL2020091200027	13	70.16
OL2020091200105	13	70.40
OL2020091200263	13	70.65
OL2020091300084	13	70.89
OL2020091300162	13	71.14
OL2020090700201	12	71.37
OL2020090700601	12	71.59
OL2020090700758	12	71.82
OL2020090800295	12	72.05
OL2020090800471	12	72.27
OL2020090900036	12	72.50
OL2020090900055	12	72.73
OL2020090900063	12	72.95
OL2020090900086	12	73.18
OL2020090900088	12	73.41
OL2020090900245	12	73.63

续表

订单编号	出货量（件）	累计出货量占比（%）
OL2020090900456	12	73.86
OL2020090900701	12	74.09
OL2020091000050	12	74.31
OL2020091000054	12	74.54
OL2020091000075	12	74.77
OL2020091100160	12	75.00
OL2020091200082	12	75.22
OL2020091200312	12	75.45
OL2020091200336	12	75.68
OL2020091300225	12	75.90
OL2020090700056	11	76.11
OL2020090700061	11	76.32
OL2020090700352	11	76.53
OL2020090700511	11	76.73
OL2020090700589	11	76.94
OL2020090800015	11	77.15
OL2020090800021	11	77.36
OL2020090900031	11	77.57
OL2020090900067	11	77.77
OL2020090900070	11	77.98
OL2020090900093	11	78.19
OL2020090900521	11	78.40
OL2020090900545	11	78.61
OL2020091000090	11	78.81
OL2020091000128	11	79.02
OL2020091200186	11	79.23
OL2020091200232	11	79.44
OL2020091300022	11	79.64

续表

订单编号	出货量（件）	累计出货量占比（%）
OL2020091300057	11	79.85
OL2020091300145	11	80.06
OL2020090700013	10	80.25
OL2020090700205	10	80.44
OL2020090700258	10	80.63
OL2020090700268	10	80.82
OL2020090700609	10	81.01
OL2020090700678	10	81.19
OL2020090700712	10	81.38
OL2020090700814	10	81.57
OL2020090700854	10	81.76
OL2020090800058	10	81.95
OL2020090800106	10	82.14
OL2020090800122	10	82.33
OL2020090800187	10	82.52
OL2020090800469	10	82.71
OL2020090900045	10	82.90
OL2020090900057	10	83.08
OL2020090900098	10	83.27
OL2020090900134	10	83.46
OL2020090900623	10	83.65
OL2020090900657	10	83.84
OL2020091000172	10	84.03
OL2020091000274	10	84.22
OL2020091100224	10	84.41
OL2020091200308	10	84.60
OL2020091300102	10	84.79
OL2020091300200	10	84.97

续表

订单编号	出货量（件）	累计出货量占比（%）
OL2020090700210	9	85.14
OL2020090800001	9	85.31
OL2020090800138	9	85.48
OL2020090800148	9	85.65
OL2020090800200	9	85.82
OL2020090800210	9	86.00
OL2020090800231	9	86.17
OL2020090800456	9	86.34
OL2020090900167	9	86.51
OL2020090900222	9	86.68
OL2020090900228	9	86.85
OL2020091000040	9	87.02
OL2020091000068	9	87.19
OL2020091000140	9	87.36
OL2020091000185	9	87.53
OL2020091100069	9	87.70
OL2020091200045	9	87.87
OL2020091300074	9	88.04
OL2020091300271	9	88.21
OL2020091300285	9	88.38
OL2020090700067	8	88.53
OL2020090700120	8	88.68
OL2020090700123	8	88.83
OL2020090700132	8	88.98
OL2020090700345	8	89.13
OL2020090800154	8	89.28
OL2020090800191	8	89.43
OL2020090800202	8	89.59

续表

订单编号	出货量（件）	累计出货量占比（%）
OL2020090800281	8	89.74
OL2020090800467	8	89.89
OL2020090800658	8	90.04
OL2020090900104	8	90.19
OL2020090900115	8	90.34
OL2020090900118	8	90.49
OL2020090900127	8	90.64
OL2020090900389	8	90.80
OL2020090900589	8	90.95
OL2020091000110	8	91.10
OL2020091000144	8	91.25
OL2020091100085	8	91.40
OL2020091100426	8	91.55
OL2020091100454	8	91.70
OL2020091200221	8	91.85
OL2020091300139	8	92.01
OL2020090700315	7	92.14
OL2020090700330	7	92.27
OL2020090700487	7	92.40
OL2020090700781	7	92.53
OL2020090700810	7	92.67
OL2020090700812	7	92.80
OL2020090700901	7	92.93
OL2020090800198	7	93.06
OL2020090800221	7	93.20
OL2020090800574	7	93.33
OL2020090800634	7	93.46
OL2020090900367	7	93.59

续表

订单编号	出货量（件）	累计出货量占比（%）
OL2020090900421	7	93.73
OL2020091000151	7	93.86
OL2020091100335	7	93.99
OL2020091200245	7	94.12
OL2020091200274	7	94.25
OL2020091300186	7	94.39
OL2020091300207	7	94.52
OL2020091300233	7	94.65
OL2020091300296	7	94.78
OL2020090700001	6	94.90
OL2020090700101	6	95.01
OL2020090700750	6	95.12
OL2020090700905	6	95.24
OL2020090800114	6	95.35
OL2020090800124	6	95.46
OL2020090800150	6	95.58
OL2020090800161	6	95.69
OL2020090800184	6	95.80
OL2020090800524	6	95.92
OL2020090800562	6	96.03
OL2020090900110	6	96.14
OL2020091100310	6	96.26
OL2020091100348	6	96.37
OL2020091300041	6	96.48
OL2020091300151	6	96.60
OL2020091300212	6	96.71
OL2020091300247	6	96.82
OL2020090700021	5	96.92

续表

订单编号	出货量（件）	累计出货量占比（%）
OL2020090700235	5	97.01
OL2020090700801	5	97.11
OL2020090700921	5	97.20
OL2020090800024	5	97.30
OL2020090800135	5	97.39
OL2020090800274	5	97.49
OL2020090900020	5	97.58
OL2020090900043	5	97.68
OL2020090900080	5	97.77
OL2020091300110	5	97.86
OL2020091300130	5	97.96
OL2020090700012	4	98.03
OL2020090700053	4	98.11
OL2020090700085	4	98.19
OL2020090700729	4	98.26
OL2020090700835	4	98.34
OL2020090700874	4	98.41
OL2020090700903	4	98.49
OL2020090700917	4	98.56
OL2020090800104	4	98.64
OL2020090800225	4	98.71
OL2020090800489	4	98.79
OL2020090800594	4	98.87
OL2020090900468	4	98.94
OL2020091200068	4	99.02
OL2020091200200	4	99.09
OL2020090700002	3	99.15
OL2020090700014	3	99.21

续表

订单编号	出货量（件）	累计出货量占比（%）
OL2020090700022	3	99.26
OL2020090700591	3	99.32
OL2020090700682	3	99.38
OL2020090800118	3	99.43
OL2020090800145	3	99.49
OL2020090800354	3	99.55
OL2020090800702	3	99.60
OL2020090900041	3	99.66
OL2020090900078	3	99.72
OL2020090900090	3	99.77
OL2020090900102	3	99.83
OL2020090700212	2	99.87
OL2020090700289	2	99.91
OL2020090700336	2	99.94
OL2020090700536	2	99.98
OL2020090700425	1	100.00
总计	5291	100.00

附录3　2B端企业客户配送的订单数据处理表（部分举例）

订单编号	出货量（件）	累计出货量占比（%）
ON2020091100006	240	2.59
ON2020091100024	210	4.86
ON2020090700213	190	6.91
ON2020090700227	190	8.96
ON2020091000076	190	11.02
ON2020091300128	190	13.07
ON2020090900038	180	15.01

续表

订单编号	出货量（件）	累计出货量占比（%）
ON2020091200042	180	16.95
ON2020090700243	170	18.79
ON2020090800060	170	20.63
ON2020091300008	170	22.46
ON2020090800030	160	24.19
ON2020090800052	160	25.92
ON2020091000026	160	27.65
ON2020091300046	160	29.37
ON2020091000005	150	30.99
ON2020091100072	150	32.61
ON2020090700215	140	34.13
ON2020090800023	140	35.64
ON2020090900008	140	37.15
ON2020090800064	130	38.55
ON2020091100114	130	39.96
ON2020091200066	130	41.36
ON2020091200091	130	42.76
ON2020091300075	130	44.17
ON2020090800033	120	45.46
ON2020090900018	120	46.76
ON2020090900034	120	48.06
ON2020091000047	120	49.35
ON2020091100048	120	50.65
ON2020091100056	120	51.94
ON2020091100092	120	53.24
ON2020091200038	120	54.54
ON2020091200110	120	55.83
ON2020091200142	120	57.13

续表

订单编号	出货量(件)	累计出货量占比(%)
ON2020091300062	120	58.42
ON2020090700204	110	59.61
ON2020090900074	110	60.80
ON2020091000016	110	61.99
ON2020091100063	110	63.17
ON2020091200015	110	64.36
ON2020091200130	110	65.55
ON2020090700282	100	66.63
ON2020090900058	100	67.71
ON2020091000080	100	68.79
ON2020091200085	100	69.87
ON2020091300020	100	70.95
ON2020091300055	100	72.03
ON2020091300093	100	73.11
ON2020090700274	90	74.08
ON2020090900002	90	75.05
ON2020090900066	90	76.03
ON2020091000056	90	77.00
ON2020091100010	90	77.97
ON2020091100086	90	78.94
ON2020091200055	90	79.91
ON2020091300086	90	80.89
ON2020090700206	80	81.75
ON2020090800042	80	82.61
ON2020090800050	80	83.48
ON2020091000030	80	84.34
ON2020090800011	70	85.10
ON2020090900022	70	85.85

续表

订单编号	出货量（件）	累计出货量占比（%）
ON2020091000041	70	86.61
ON2020091100032	70	87.37
ON2020091200008	70	88.12
ON2020091300035	70	88.88
ON2020090700218	60	89.52
ON2020091000020	60	90.17
ON2020091000062	60	90.82
ON2020090700220	50	91.36
ON2020090700250	50	91.90
ON2020090700261	50	92.44
ON2020090700305	50	92.98
ON2020090800045	50	93.52
ON2020090900026	50	94.06
ON2020090900046	50	94.60
ON2020091000011	50	95.14
ON2020091200028	50	95.68
ON2020090700207	40	96.11
ON2020090700230	40	96.54
ON2020090800005	40	96.98
ON2020090800037	40	97.41
ON2020090900010	40	97.84
ON2020091100016	40	98.27
ON2020091200020	40	98.70
ON2020091200072	40	99.14
ON2020091300004	40	99.57
ON2020091300015	40	100.00
总计	9260	100.00

附录 4 　　　　　订单分批模型 LINGO 代码

```
model:
sets:
  f/1..29/;
  z/1..29/;
  w/1..4/;
  x(f,z):r;
  y(f,w):h;
  m(z,w):g;
endsets
data: ! 数据部分;
N=12;
r=@file('data.txt');
enddata
min =
@sum(w(k):((@sum(x(i,j):r(i,j)*h(i,k)*g(j,k)))/(@sum(f(i):h(i,
k)))^2));! 目标函数;
@for(f(i):@sum(w(k):h(i,k))=1);! 每个订单恰好被分到一个批次中;
@for(w(k):@sum(f(i):h(i,k))<=N);! 每批订单中的订单数量不超过 N 个;
@for(w(k):@sum(f(i):h(i,k))<=2);! 每批订单中的订单数量不少于 2 个;
@for(y:@bin(h));
@for(m:@bin(g));
end
```

附录 5 　　　　　Apriori 算法 MATLAB 代码(部分)

```
clc;
clear;% 最小支持度设定
min_sup=0.03;% 最小置信度
min_conf=0.4;% 读取文件
fid=fopen('data.txt','r');
% 记录读取的行号,与实际的事务数相对应,同时为了分配存储空间
NumEvent=1;
% 新建事务数据集,由于各个事务的长短不一致,所以采用 cell 类型
Dataset=cell(1,1);
% 循环读取文件,按行读取
while(~feof(fid))
    lineinfo=fgetl(fid);
    % 将字符转换为数字组成的数组
    c=str2num(lineinfo);
    % 空行,重新读下一行
    if(isempty(lineinfo))
continue;
end
    % 将一条(一行)事务数据添加到事务数据集中
```

```
    Dataset{NumEvent,1} = c;
% 行号加 1
    NumEvent = NumEvent + 1;
end
% 将行号减 1,上述的循环在结束时多加了 1
NumEvent = NumEvent - 1;
% 结束文件读取,关闭文件
 fclose(fid);
% 临时事务数据集,用于运算操作
Dataset_temp = Dataset;
%%% 第一次扫描 Dataset,统计每一个候选项,并存在二维数组中
% 用来控制循环结束的标记
flag = 1;
% 统计每条事务中包含'项'的个数
count = 1;
% 保存频繁项
C_result = [];
% 保存频繁项,包含支持度计数,
C1_result = [];
% 保存所有临时的频繁项
C = [];
while flag = = 1
 % 单项数据集,用来存放事务中包含的所有的单项,不包含其个数
    C_temp = zeros(1,1);
% 对所有单项进行统计,注意第一次循环与后面的循环用的数组有所区别
if count = = 1
    % 获取临时事务集中事务的个数
        NumEvent = length(Dataset_temp);
 for i = 1:NumEvent
  % 获得第 i 条事务中单项的个数
 for j = 1:length(Dataset_temp{i})
                % 查看第 i 条事务第 j 个单项是否已经存在于单项数据集中,如存在则
                    继续循环,否则增加新的单项
                result = find(C_temp = = Dataset_temp{i}(1,j));
   % 如果查询的结果为空,则增加新的单项
    if isempty(result)
                    C_temp = cat(1,C_temp,Dataset_temp{i}(1,j));
            end
            end
        end
    else
        NumEvent = size(C,1);
 for i = 1:NumEvent
  % 获得第 i 条事务中单项的个数
  for j = 1:length(C(i,:))
                % 查看第 i 条事务第 j 个单项是否已经存在于单项数据集中,如存在则继
                    续循环,否则增加新的单项
```

```matlab
                    result = find(C_temp = = C(i,j));
    % 如果查询的结果为空,则增加新的单项
    if isempty(result)
                    C_temp = cat(1,C_temp,C(i,j));
            end
          end
      end
    end
    % 删除第一行空值,此时所有的单项都已经被统计出来
    C_temp(1,:) = [];
    % 对所有单项按照单项的个数进行组合
    C = nchoosek(1:1:length(C_temp),count);
    C1 = C;
    % 建立一个零值矩阵
    cc = zeros(size(C1,1),1);
    % 在 C1 矩阵的右侧增加一列零值
    C1 = cat(2,C1,cc);
    % 将候选项与事务集进行比较,并统计个数
    for i = 1:size(C,1)
            num = 0;
        % 获得事务数据集中事务的个数
    for j = 1:length(Dataset)
            % 设定循环结束标记
            flag_1 = 1;
    for m = 1:size(C,2)
                a = num2str(C(i,m));
            % 将事务数据集中的第 j 条事务转变为字符串
            b = num2str(Dataset{j});
            b(find(isspace(b))) = [];
        % 判断字符串 a 是否存在于字符串 b 中
            n = strfind(b,a);
    if length(n) = = 0
                flag_1 = 0;
    break;
      end
    end
    if flag_1 = = 1
                num = num + 1;
    end
    end
        C1(i,size(C1,2)) = num;
      end
```

附录6　　多站台任务分配模型 MATLAB 代码

```
clear;
clc;
%*******************************************
% 初始化订单源
% 总仿真时间
Total_time = 10;
% 队列最大长度
N=4 076;
% 到达率与服务率
lambda=3.5,mu=2;
% 平均到达时间与平均服务时间
arr_mean=1/lambda;
ser_mean=1/mu;
arr_num=round(Total_time* lambda* 2);
events=[];
% 按负指数分布产生各订单达到时间间隔
events(1,:)=exprnd(arr_mean,1,arr_num);
% 各订单的到达时刻等于时间间隔的累积和
events(1,:)=cumsum(events(1,:));
% 按负指数分布产生各订单服务时间
events(2,:)=exprnd(ser_mean,1,arr_num);
% 计算仿真订单个数,即到达时刻在仿真时间内的订单数
len_sim=sum(events(1,:) <=Total_time);
% 第1个订单进入系统后直接接受服务,无须等待
events(3,1)=0;
% 其离开时刻等于其到达时刻与服务时间之和
events(4,1)=events(1,1)+events(2,1);
% 其肯定被系统接纳,此时系统内共有1个订单,故标志位置1
events(5,1)=1;
% 其进入系统后,系统内已有成员序号为1
member=[1];

for i=2:arr_num
% 如果第i个订单的到达时间超过了仿真时间,则跳出循环
if events(1,i)>Total_time break;
else number=sum(events(4,member)>events(1,i));
    % 如果系统已满,则系统拒绝第i个订单,其标志位置0
if number>=N+1
        events(5,i)=0;
    % 如果系统为空,则第i个订单直接接受服务
else
if number==0
    % 其等待时间为0
            events(3,i)=0;
% 其离开时刻等于到达时刻与服务时间之和
            events(4,i)=events(1,i)+events(2,i);
```

```
% 其标志位置1
            events(5,i)=1;
            member=[member,i];
            % 如果系统有订单正在接受服务,且系统等待队列未满,则第i个订单
            进入系统

        else len_mem=length(member);
% 其等待时间等于队列中前一个订单的离开时刻减去其到达时刻
            events(3,i)=events(4,member(len_mem))-events(1,i);
% 其离开时刻等于队列中前一个订单的离开时刻加上其服务时间
            events(4,i)=events(4,member(len_mem))+events(2,i);
% 标识位表示其进入系统后,系统内共有的订单数
            events(5,i)=number+1;
            member=[member,i];
        end
      end
    end
end
% 仿真结束时,进入系统的总订单数
len_mem=length(member);
% 输出结果
% 绘制在仿真时间内,进入系统的所有订单的到达时刻离开时间
stairs([0 events(1,member)],0:len_mem);
hold on;
stairs([0 events(4,member)],0:len_mem,'.-r');
legend('到达时间','离开时间');
hold off;
grid on;
% 绘制在仿真时间内,进入系统的所有订单的停留时间和等待时间曲线图
figure;
plot(1:len_mem,events(3,member),'r-*',1:len_mem,events(2,member)+events(3,member),'k-');
legend('等待时间','停留时间');
grid on;
```

参 考 文 献

[1] 潘勇. 跨境电子商务物流管理 [M]. 北京: 高等教育出版社, 2021.

[2] Nakandala D, Lau H, Zhang J. Cost-optimization modelling for fresh food quality and transportation [J]. Industrial Management & Data Systems, 2016.

[3] Song B D, Ko Y D. A vehicle routing problem of both refrigerated- and general-type vehicles for perishable food products delivery [J]. Journal of food engineering, 2016, 169: 61 - 71.

[4] Chaudhuri A, Dukovska-Popovska I, Subramanian N, et al. Decision-making in cold chain logistics using data analytics: a literature review [J]. The International Journal of Logistics Management, 2018.

[5] Pradita S P, Ongkunaruk P. Business process analysis and improvement for a third party logistics provider in Indonesian cold chain logistics [C]//IOP Conference Series: Materials Science and Engineering. IOP Publishing, 2019, 526 (1): 012004.

[6] Atieh A M, Kaylani H, Al-Abdallat Y, et al. Performance improvement of inventory management system processes by an automated warehouse management system [J]. Procedia Cirp, 2016, 41: 568 -572.

[7] Baruffaldi G, Accorsi R, Manzini R. Warehouse management system customization and information availability in 3pl companies: A decision-support tool [J]. Industrial Management & Data Systems, 2019.

[8] Bottani E, Montanari R, Rinaldi M, et al. Intelligent algorithms for warehouse management [M]//Intelligent techniques in engineering

management. Springer, Cham, 2015: 645-667.

[9] Yousefi Nejad Attari M, Ebadi Torkayesh A, Malmir B, et al. Robust possibilistic programming for joint order batching and picker routing problem in warehouse management [J]. International Journal of Production Research, 2021, 59 (14): 4434-4452.

[10] Jemelka M, Chramcov B. The use of recursive ABC method for warehouse management [C]//Computer Science On-line Conference. Springer, Cham, 2019: 223-229.

[11] Tappia E, Roy D, Melacini M, et al. Integrated storage-order picking systems: Technology, performance models, and design insights [J]. European Journal of Operational Research, 2019, 274 (3): 947-965.

[12] Lee H F, Schaefer S K. Sequencing methods for automated storage and retrieval systems with dedicated storage [J]. Computers & Industrial Engineering, 1997, 32 (2): 351-362.

[13] Shen Q J, Liang Y. Exploration of fresh product supply chain mode under the background of "new retail" [C]//2021 2nd International Conference on E-Commerce and Internet Technology (ECIT). IEEE, 2021: 335-338.

[14] Hsiao Y H, Chen M C, Lu K Y, et al. Last-mile distribution planning for fruit-and-vegetable cold chains [J]. The International Journal of Logistics Management, 2018.

[15] 张维, 马志华, 杨洋洋, 吴燕. 基于改进遗传模拟退火算法的刀具准时化配送路径规划 [J]. 现代制造工程, 2020 (10): 83-90.

[16] Xu P, Zhong W, Li N, et al. Research on Terminal Optimizing Distribution Route of Fresh Food E-commerce Cold Chain Logistics Based on Time Window Constraints [C]//Proceedings of the 4th International Conference on Computer Science and Application Engineering. 2020:

1-7.

[17] Zhu S, Fu H, Li Y. Optimization Research on Vehicle Routing for Fresh Agricultural Products Based on the Investment of Freshness-Keeping Cost in the Distribution Process [J]. Sustainability, 2021, 13 (14): 8110.

[18] 舒田. 供应链管理环境下库存控制策略探究 [J]. 科技资讯, 2020, 18 (8): 237-238.

[19] 张岩, 张新敏. 基于粒子群与遗传算法的排序区拣选优化研究 [J]. 价值工程, 2020, 39 (19): 249-253.

[20] 唐思园. 基于订单分批的配送中心拣货作业流程研究 [D]. 舟山: 浙江海洋大学, 2020.

[21] 李永伟, 刘树安, 郭晋秦. 基于双层遗传算法的仓库拣选路径优化问题研究 [J]. 太原学院学报（自然科学版）, 2018, 36 (2): 46-51.

[22] 杜星锐. 电商仓库拣选作业优化研究 [J]. 中国物流与采购, 2020 (4): 49.

[23] 陈增坤, 余蕾, 王旭. B电商智能物流中心订单分波（处理）优化设计 [J]. 中国储运, 2019 (7): 131-133.

[24] 王学辉. 新零售下X生鲜超市订单拣选与配送联合优化研究 [D]. 北京: 北京交通大学, 2019.

[25] 王转, 裴泽平. 启发式路径下节约里程的订单分批算法 [J]. 计算机工程与应用, 2018, 54 (23): 203-209, 222.

[26] 万明重, 蒋忠中, 秦绪伟, 乔双, 李铭阳. 考虑拆分策略的智能仓库订单拣选优化问题 [J]. 计算机集成制造系统, 2021, 27 (6): 1809-1819.

[27] 闫军, 常乐, 封丽华. 在线订单分批及拣选路径规划模型及算法 [J/OL]. [2021-07-27]. 计算机工程与应用: 1-10. http://kns.cnki.net/kcms/detail/11.2127.TP.20201225.0920.006.html.

[28] Lee C K M, Lv Y, Ng K K H., et al. Design and application of Internet of things-based warehouse management system for smart logistics [J]. International Journal of Production Research, 2018, 56 (8): 2753-2768.

[29] 姜明君, 刘永悦, 胡津瑞, 刘胜利. 基于大数据技术的农产品冷链智慧物流信息平台构建 [J]. 国际公关, 2020 (11): 240-241, 380.

[30] Pang L, Yang W, Xia B, et al. Development of intelligent warehouse management system based on Internet of things technology [C]//IOP Conference Series: Materials Science and Engineering. IOP Publishing, 2020, 750 (1): 012107.

[31] 博庆贺. 基于蚁群算法的紧致化仓储系统拣货路径优化分析 [D]. 武汉: 华中科技大学, 2012.

[32] 刘国栋, 孙家林, 孙维章. 立体式水平旋转货架结构及作业形式 [J]. 起重运输机械, 1994 (3): 16-19, 2.

[33] 沈新, 朱廷蕙. 水平回转式货架系统 [J]. 中国物流与采购, 1984 (9): 22-23.

[34] 杨玮, 李然, 张堃. 基于变邻域模拟退火算法的多自动导引车任务分配优化 [J/OL]. [2021-07-28]. 计算机应用: 1-9. http://kns.cnki.net/kcms/detail/51.1307.tp.20210715.1723.011.html.

[35] 冯爱兰, 王晨西, 孔继利. 改进遗传算法求解订单分批优化模型 [J]. 计算机工程与应用, 2020, 56 (8): 261-269.

[36] 王罡, 冯艳君. 基于蚁群优化算法的旋转货架拣选路径规划 [J]. 计算机工程, 2010, 36 (3): 221-223.

[37] 陈月. 紧致型智能仓储系统运作绩效研究 [D]. 武汉: 武汉科技大学, 2019.

[38] 张攀, 田国会, 贾磊, 李晓磊, 路飞. 旋转货架拣选作业优化问题的新型混合遗传算法求解 [J]. 机械工程学报, 2004 (6): 34-38.

[39] Lim M H, Yuan Y, Omatu S. Extensive testing of a hybrid genetic algorithm for solving quadratic assignment problems [J]. Computational Optimization and Applications, 2002, 23 (1): 47 - 64.

[40] 刘慧娴. 新零售背景下山东航空物流有限公司生鲜冷链物流体系优化研究 [D]. 北京: 中国民航大学, 2020.

[41] 李毅. 新零售背景下城市冷链物流共同配送路径优化研究 [D]. 北京: 北京交通大学, 2019.

[42] Roh M, Park K. Adoption of O2O food delivery services in South Korea: The moderating role of moral obligation in meal preparation [J]. International Journal of Information Management, 2019 (47): 262 - 273.

[43] Pantano E, Viassone M. Engaging consumers on new integrated multichannel retail settings: Challenges for retailers [J]. Journal of Retailing and Consumer Services, 2015 (25): 106 - 114.

[44] 赵启兰, 等. 生产计划与供应链中的库存控制 [M]. 北京: 电子工业出版社, 2019.1.

[45] 赵启兰, 等. 企业物流管理 [M]. 第2版. 北京: 机械工业出版社, 2019.1.

[46] 姚赛. 基于T物流中心的存储策略与补货作业优化 [J]. 物流工程与管理, 2020, 42 (3): 58 - 61.

[47] 逯曼皎, 张伟, 徐涛. 基于动态矩阵模型的可优化的补货策略 [J/OL]. [2020 - 11 - 05]. 计算机工程: 1 - 11. http://kns.cnki.net/kcms/detail/11.2127.TP.20200331.1543.002.html.

[48] 杨雯, 潘燕春, 尹波腾, 李智敏. 基于仿真的多级供应链补货策略优化 [J]. 深圳大学学报 (理工版), 2019, 36 (6): 689 - 695.

[49] 胥爱霞, 蓝建华, 何嘉仪, 钟辉菲, 陈坚航. 零售物流配送中心储位分析及优化研究——以Y公司华南物流配送中心为例

[J]. 现代工业经济和信息化, 2019, 9 (2): 124-128.

[50] 邹霞, 吴耀华, 夏德龙, 张荣旭. 面向 B2C 电商订单的自动小车存取系统动态储位优化 [J]. 计算机集成制造系统, 2019, 25 (2): 500-507.

[51] 李明琨, 蒋欣颖. 基于物料周转率与需求相关性的储位分配优化策略与算法 [J]. 运筹与管理, 2018, 27 (9): 22-32.

[52] 张敏, 刁宏冬, 李阳, 吴亚东. 库存控制与仓储管理现状及优化措施分析 [J]. 中国物流与采购, 2020 (16): 94-95.

[53] 王广鉴. 基于 ABC 分类法的 A 企业库存控制优化研究 [J]. 市场周刊, 2020, 33 (8): 13-14, 18.

[54] 党伟滔, 唐羿, 鲁宇杰. 现代供应链库存控制模式研究 [J]. 物流工程与管理, 2020, 42 (7): 115-116, 106.

[55] 方忠民, 韩福义, 马蓉. 模糊 ABC-FSN 分类法在企业库存管理中的应用 [J]. 物流技术, 2019, 38 (1): 114-119.

[56] 吴军, 李芳. 库存控制方式在企业生产经营过程中的应用 [J]. 产业创新研究, 2020 (13): 93-94.

[57] 张芳, 陈见标. 生鲜农产品库存控制研究 [J]. 中国储运, 2020 (6): 126-127.

[58] 程书强. 论配送中心的储位规划管理 [J]. 中国储运, 2003 (3): 50-53.

[59] 张培培. 配送中心分区拣选作业储位优化方法研究 [D]. 长春: 吉林大学, 2011.

[60] 李雪, 孙国峰. 基于双重 ABC 分类的 B2C 电商的物流储位优化 [J]. 物流技术与应用, 2020, 25 (9): 122-128.

[61] 朱可欣. 基于关联分析的某日化用品仓库储位分配策略研究 [D]. 济南: 山东大学, 2017.

[62] 季爱迅, 魏晓波. 电商企业仓储 ABC 差异化库存管理策略研究 [J]. 中国物流与采购, 2020 (17): 33-34.

[63] 朱杰,张文怡,薛菲.基于遗传模拟退火算法的立体仓库储位优化[J].计算机应用,2020,40(1):284-291.

[64] 李珍萍,范欣然,吴凌云.基于"货到人"拣选模式的储位分配问题研究[J].运筹与管理,2020,29(2):1-11.

[65] 李枭伟.基于AGV的货到人系统中商品及货架储位分配优化研究[D].北京:北京交通大学,2019.

[66] 沈长鹏.订单结构与拣选系统的适配问题研究[D].济南:山东大学,2011.

[67] 赵红梅,郭金凤.电商环境下订单拣选作业综述研究[J].中国市场,2020(29):188-189.

[68] 余磊.订单分拣系统中分区数量的策略研究[J].中国集体经济,2020(26):74-76.

[69] 余立潮.仓储物流的货位作业优化算法及系统研究[D].上海:东华大学,2020.

[70] 李健,习聪,陈栋,刘勇.某航空标准件企业成品库拣货路径优化研究[J].价值工程,2019,38(19):280-283.

[71] 朱晓娜,苏庆玲.某公司基于CPFR的补货策略优化研究[J].发明与创新(职业教育),2020(1):93.

[72] 易诗妍.物流拣选自动补货系统研究与设计[D].武汉:华中科技大学,2016.

[73] 杨杰,程源.基于多权重启发优化的物流仓储补货模式优化研究[J].物流技术,2014,33(9):338-340.

[74] 李文茜,李英,鄢然,罗勇.基于MATLAB和智能优化算法的仿真设计优化方法[C].//中国仿真学会.2020中国仿真大会论文集.北京:中国仿真学会,2020:7.

[75] 李晓柯,梁玥,杨陨菽.基于Apriori算法的拆零货架储位优化分析[J].中国市场,2019(27):181-182.

[76] 李晓春,钟雪灵,王雄志,王国庆.双旋转货架拣货作业

优化设计［J］.管理工程学报，2012，26（3）：114－121.

［77］李晓春.配送中心拣货作业设计与优化［D］.广州：暨南大学，2009.

［78］王雄志，王国庆.旋转货架系统配货作业优化问题启发式算法［J］.系统管理学报，2009，18（2）：177－182.

［79］张志强.单旋转货架最优拣选路径求解［J］.北京信息科技大学学报（自然科学版），2018，33（4）：68－72.

［80］刘应东，牛惠民.多站台港湾式公交站交通流模型及仿真分析［J］.交通运输系统工程与信息，2012，12（5）：97－102.

［81］赵琪.基于排队论的无人仓拣选台数量优化研究［J］.决策探索（中），2019（9）：80－82.

［82］刘伟军，邹泽，邱宾，王凤，张恩科.基于排队论M/M/C模型的门诊医技排程与医疗设备配置的统筹优化研究［J］.中国医疗设备，2020，35（9）：140－143.

［83］刘源，张芳芳，肖楠.托盘共用联盟利益分配研究［J］.物流技术，2019，38（12）：62－66.

［84］何彦东，王旭，林云，周福礼.托盘共用服务联盟运行机制及利益分配［J］.系统工程，2018，36（3）：146－150.